陈子衿——著

二十一岁
以及我的余生

GUANGXI NORMAL UNIVERSITY PRESS
广西师范大学出版社
·桂林·

ERSHIYI SUI YIJI WO DE YUSHENG

图书在版编目（CIP）数据

二十一岁以及我的余生 / 陈子衿著. —桂林：广
西师范大学出版社，2019.1
ISBN 978-7-5598-1290-2

Ⅰ．①二… Ⅱ．①陈… Ⅲ．①陈子衿—自传
Ⅳ．①K825.6

中国版本图书馆 CIP 数据核字（2018）第 239541 号

广西师范大学出版社出版发行

（广西桂林市五里店路 9 号　　邮政编码：541004）

网址：http://www.bbtpress.com

出版人：张艺兵

全国新华书店经销

北京盛通印刷股份有限公司印刷

（北京经济技术开发区经海三路 18 号　邮政编码：100176）

开本：880 mm × 1 240 mm　　1/32

印张：9.25　　　　字数：180 千字

2019 年 1 月第 1 版　　　2019 年 1 月第 1 次印刷

定价：46.00 元

如发现印装质量问题，影响阅读，请与出版社发行部门联系调换。

2017年1月23日，离过年只剩下四天时间，青年陈子衿和自己的母亲去医院做春节前的最后一次复查。他在这部十余万字的抗癌日记中，鲜见地记录下一个确凿的日子——23日。

不到一年前，青年陈子衿被确诊为淋巴癌四期，这个在豆瓣阅读平台自我定义为"九零后，生于湖北，高龄隐形正太，资深圣母。靠脸吃饭未遂，只好深度挖掘不存在的才华"的年轻人，时间轴至此位移，在另外的时空里旋转。

消毒水、无菌舱、手术、化疗、恶心、呕吐，深夜闪烁的手机和电脑，陌生到近乎虚构的读者……

2017年1月23日，七个月后，这个日子被青年陈子衿如是补录：

抽完血，我便坐在电梯间的椅子上等结果，我妈去加热饭菜了，做完移植出舱后，我依旧按照当时下发的食谱严格控制饮食，上面写着"一年内不要在外面的餐厅吃饭"，于是每次来医院，我妈便起个大早做好中午的饭菜，拿到医院的微波炉里加热，至于她自己，总是下楼买两个馒头对付过去。

这段文字折射着这部抗癌日记的基本文风。流畅、平静，显而易见的朴素，并且，"及物"。

流畅似乎应该是行文的基本要求，但遗憾的是，这基本的要求如今都会显得稀缺。青年陈子衿的文字能力好过我所见识到的许多"作家"，但我不想使用别的说辞来形容他的文笔，因为除了"流畅"之外，此处使用任何其他的辞藻，都会令我觉得是走到了"好"的反面。

这便事关了"平静"。平静何其难，尤其在我们被铿锵、声嘶力竭、"鸡汤美文"以及痞子语言淹没的当下；尤其，在一个文学青年记录着自己的抗癌经历之时——可以想见，他能克制住自己汹涌的"文学性"的抒情企图，几乎算得上是一桩奇迹。

青年陈子衿创造了这个奇迹。

尽管他还是忍不住透露了自己的"秘密"——"我生病之后，有一件事我始终放不下，我没有对任何人说过，因为羞于启齿，可我清楚它对于自己人生的分量。那件事便是写小说。"

我得感谢"这件事"，替陈子衿，替我们这些读者。在我想来，正是写小说这件令他放不下、羞于启齿的事，在极大程度上决定了这部作品难能可贵的平静，同时，也极大程度地赋予了一个罹患重疾的青年矜重的气质，从而有力地支撑住了他的精神，乃至他的肉体。

在"这件事"上，青年陈子衿已经站稳了一个"写小说者"的脚跟，那就是：放不下，却又羞于启齿。我可能把"这件事"的意义说小了，它岂仅仅是"写小说"那么轻浮，它其实是一个卑微的人必定会有的合格的立场。放不下，于是对生命顽强地眷恋；而羞于启齿，正是生命赋予的、令我们终生震惊不已的那份确凿写照，宛如生命的底色与秘密。在这个巨大的底色之上，我们终将亲历所有肉体的兴衰，亲历所有精神的起伏，并且，终将惊诧于天地之不仁，终将，怀着巨大的羞怯去源源不断地感激；在这个巨大的秘密之下，如果你获得了平静，你便获得了尊严，获得了全胜的可能，并且，你还终将获得光荣的朴素。

青年陈子衿的朴素，不仅仅关乎他的家世，在我看来，他朴素的根源，依然事关"羞于启齿"，事关那天赋一般的巨大的羞怯本性。

踏上公交车，她给了我两块钱，自己又偷偷地将一块钱的纸币折很多次，浑水摸鱼地扔进投币口。我说过她几次，她笑笑，下一次却还是只拿一块，我就不管她了。

他这是在描述自己母亲乘公交车时的情形。这个细节令我震动的程度，不亚于他对于那些医疗过程的自然主义记录。

　　我们走出医院，坐上了"回家"的公交车。
　　我说："你投两块吧。"
　　她犹豫了一下，最终还是投了两块钱。
　　我挺高兴的，虽然知道下次她还是只会投一块，可我还是高兴。

　　读到此处，我竟泪水汹涌。似乎于此之间，我和青年陈子衿共同面对了生命实相中的阳光与阴影，共同战栗，共同"挺高兴的"。因为，在这样的一个瞬间里，犹豫了一下的母亲，以一块钱的差额，补足了我们对于善美的盼望，矫正了我们对于尘世的误解，它令一位具体的母亲，成为了全部的"母亲"，也令庞然的病魔与尘埃一般琐碎的忽恶忽善浑然为生命的辽阔事实，在这个事实面前，善小与恶小，不为与为之，都成为了人性惊心动魄的试炼，都堪称瑰丽。正是对于这些细节的忠实记录，羞怯而自尊的青年陈子衿，以他的朴素，击退了傲慢的癌细胞，克服了浑水摸鱼的试探，在最小的局部却又是最大的生命局面里，赢得了人的尊严。
　　一个命悬一线的青年，在和母亲前往医院的路上，恳求母亲不要失却人之体面……
　　一块钱，两块钱，就是这么微不足道，就是如此"及物"。

"及物"重要吗？如果你读过太多泡沫一般的空洞文字，你就会明白"及物"何其重要。这不仅仅事关非虚构写作的伦理，于今，它甚至还事关我们的世界观与我们的方法论。至少，他以疾病不可撼动的存在，使得"真实"成为了无从遮蔽、无从美化和粉饰的事实，使得那个更为广大和本质的"青春"与"中国"得以部分地还原。

　　青年陈子衿没有书写那个人云亦云着的青春，但他结实地置身于大学生之中，汇入周遭呼号的病友、身边仓皇的亲人之内。

　　令我难以决断的是，这一切，难道真的只能有赖于一场重疾的降临？

　　淋巴癌四期。多么陌生，却真切如铁。

　　2017年1月23日，青年陈子衿想：我想我们暂时都死不了了，即便未来有再多波折，也会拼了命地向有光的地方挤过去，苟且偷生，似乎也挺好。他既盼望"拼了命地向有光的地方挤过去"，又理解了"苟且偷生"的本意。

　　七个月后，他在豆瓣阅读所开的专栏下面有人如是留言：

　　如期阅读。

　　赞赞赞，每周都期待更新。

　　写得好棒，每期都看，真心希望你早日康复。

　　看到你的文字让我想到爸爸，和你一样的病，上个月进舱移植感染，现在仍在ICU生命垂危……唉。

喜欢！向你学习！

…………

2017年1月23日，我在干什么？翻看微信动态，那一天没有记录。我记不得生命中太多的日子了。这也没什么好说的，毕竟，太多的日子似乎也没有被我们铭记的价值。你瞧，即便那个确诊自己患了癌症的日子，青年陈子衿都记不得了，他老实地交代：

究竟是4月的几号，我忘了。我应该记得的，可是我忘了。

应该记得的，我忘了。这是生命的诚实，亦是生命的哀伤。可是你看，此刻，当我面对一个具体的日子迫不及待地检索自己的手机记录，生命那阔大的事实便开始复苏，显露它全部的所指与能指。二十世纪八十年代，当代中国最富思想者气质的作家张承志，在文章中写下了这样的名句：他们在跳舞，我们在上坟。现在，面对青年陈子衿的这些文字，恍惚中亦有句子在我脑子里盘旋：他们在赞赞赞，我们在抗癌。

这让我我惊诧于世界的整全与神圣。

谢谢青年陈子衿，在他哀而不伤的记录里，让我茫然地想起，是谁在替我们数算着日子。

自序

我过得很好，每天都吃得很饱

※

2017年的春天快要结束的时候，我开始动笔写一部长篇纪实散文。书名是老早便在医院取好了的，只等着治疗结束，一切尘埃落定。

那时候我一边做着化疗，一边想着等我出院后，要将发生在我身上的这一切全部记录下来。或许正是因为有着这样的念想，为期一年的治疗过程里我的情绪才相对平稳，跟随医生的脚步，不紧不慢地跨越过一整个四季。

我算是半个文学爱好者，平日里的兴趣爱好贫瘠得很，不爱出门，一个人待着的时候，多半都在追剧或看书。二十刚出头、热爱文学的年轻人，几乎都有一个看似遥不可及却热忱的梦想——出版一本印着自己名字的书。而我在医院里的那一段经历，让我似乎隐约地知道，写下它，我的生活会有些许的不同。

这是写下《二十一岁以及我的余生》的初衷，功利得很。

写完第一章之后，我几乎是习惯性地将它投给了学生时代爱看的杂志，尽管那个时候我其实已经好几年不看那种类型的杂志了。它的投稿邮箱，排在"最近联系人"的最上方。很快我收到了意料之中的退稿信，但那打击不到我。我已经习惯了，我还年轻，写不好是正常的。

与此同时，内心深处有一个声音笃定地认为，这或许是一个千载难逢的机会，市面上有关"癌症"的记录并不多，也许我可以因此而被读者注意到，将它作为一个桥梁，借此让大家开始关注我后续的写作。在我心里，这显然是走了捷径，走捷径让人脸红，就像学生时代开后门进"快班"一样，但……我又不是没开过。

写了几章，手头有了一定的存稿之后，我便将这部作品发表在了豆瓣阅读，起初也是反响平平，愿意点开看的人也寥寥无几。我每天为点击量焦灼，心里隐约在抗拒一个事实——如果连写特殊题材都无人问津的话，那写作显然是将我拒之门外了。为了增加一些阅读量，我开始试图从其他渠道做努力。

我是个脸皮很薄的人，在有陌生人的场合几乎不会出声，和半生不熟的人擦肩而过会不自觉地低下头去，在网上也很少发言。可那段时间，我开始不厌其烦地在每一条微博热搜的热门评论下宣传自己的专栏，一条一条地复制粘贴……

熟悉网络语境的人，当然知道这样的行为很容易招致他人的厌烦，有不少网友质疑我此举的目的性，可我还是不愿停下来，觉得这是最后的机会了，每次点开微博都变得诚惶诚恐，可心里清楚得很，这是自己的选择，无论面对怎样的非议都必须接受。

那段时间里，我一边写作，一边上微博抢热评，持续了一阵子之后，越来越多的读者知道了我，我的专栏出现在了"热门专栏连载"里，没过多久，便上升到了第一名……

被讨论对我来讲是件很煎熬的事，但要是没有之前那些"旁门左道"的努力，这部专栏估计也没有成书的可能。

✤

写作对我而言是一件特别困难的事。记得刚上大学那会儿，我从高中里每天十三节课的忙碌中抽身，时间充裕，觉得自己大展拳脚的时机终于到了，于是一有时间便拿出电脑写点什么。室友过来趴我身后，我便迅速地遮住——当然不是觉得写作是什么丢脸的事，只是在琐碎而真实的日常生活里，毫不起眼的普通学生尝试去写作，很容易被周围的人贴上"不务正业""好高骛远"的标签，我没自信自己能在周遭的调侃中坚持自我，于是干脆闭口不谈。

慢慢地，那种觉得灵感迸发想要急冲冲地跑回宿舍的时刻逐渐减少，打开Word文档的机会也越来越少。一开始，我很不安，后来我将它理解为一种热情消退之后的常态。我说服自己大家都会面临这样的处境之后，觉得身处其间也理所当然，于是写得越来越少，直到病检报告出来，被确诊"淋巴瘤"。

开始写作《二十一岁以及我的余生》，是在治疗告一段落之后。至于治疗期间为何从未提笔，明明当下的情绪最为贴合才对——可能是觉得很多事情得等到它全然沉落下来，回头才能看清全貌，贸然下笔令人胆怯。

最初一直不知该如何下笔，直到有一天我半夜起床喝水，突然走到电脑前写下了一句："我确诊癌症的那一天，是2016年的四月。究竟是四月的几号，我忘了。我应该记得的，可是我忘了。"写完这个开头，我又睡了过去，第二天起床后，流畅地写出了第一个"两千字"。就这样，我每天两千字两千字地写着，想着总会有自然而然地完结的那一天。

出版一本属于自己的书，对我而言太重要了，也许那之后我的生活依旧一成不变，但那也没关系，至少我实现了某个阶段的梦想。

❀

我在写作这件事，知道的人很少，除了几个同样热爱阅读的朋友之外，这基本上是我的一个秘密。我甚少向人提起，也不敢在八字没一撇时堂而皇之地谈论梦想。我大学有位同学，歌唱得不错，有次上课老师问："你的梦想是什么？"他站起来掷地有声地说："我的梦想是成为一名歌手。"一时间，教室里掌声雷动。我不知道那些掌声是对他前路漫漫的鼓励，还是有什么别的深意，但他确实挺勇敢的，不管日后能不能成为歌手。

我就不一样了，对于梦想，我总是藏着掖着。

在《二十一岁以及我的余生》这部作品里，我平铺直叙地写下了过去一年治疗期间的心路历程，而我的家人作为最直接的旁观者，被重点描摹了下来。我将对他们的好恶以自己的视角记录着，狭隘又自大，有所侧重也有所隐瞒。整个创作过程中，我常常会疑惑，觉得有朝一日他们要是看到我的书写，会怒不可遏。他们恪守"家丑不可外扬"的传统，而我的记录很有可能会引发新一轮的家庭战争。

他们不一定就是我所刻画的模样，我的记录的确可能造成误解。人性总是有无限种可能，而当他们站在某一件具体的事面前做出自己的选择时，很难仅仅以"好人"和"坏人"去界定。

写作这部作品时我无所畏惧，并试图去放大其中的戏剧张力，我希望它能表达自我，同时又能被人们喜欢和接受。可越是临近出版，我心中却越是胆怯。我无法向身边的人解释，为什么会将他们书写得面目可憎，即便他们在那一刻的确面目可憎。可他们不总是那样的。他们可能会质问：为什么不多写我们好的一面，我们对你好的那一面，你都不记得？

记得啊，但不想那样写。

我说不清楚为什么，可写下那些争吵、猜忌、剑拔弩张的时刻后，我觉得很舒服，像是终于吐出了卡在喉咙里的那枚枣核，获得了前所未有的解放和自由。我扮演一个百依百顺的角色太久了，久到一个小小的坚持都让我觉得惊心动魄。

后来有部分人陆续知道了，我也不想辩解什么。无论是创作小说还是非虚构，我都需要从真实的日常生活里汲取营养。创作意图或是人物动机，那都是隐藏在作品里需要读者自行去发现的东西，作品之外，作者说得越少越好。即便被曲解，那也是读者所看到的真实。

再过不久，这本书就要上市了，我一面忐忑，一面又觉得很幸福。生活依旧在继续，我过得也还不错，每天都吃得很饱。读到喜欢的书，吃到好吃的食物，抬头看到高远的天空时，会由衷地感叹：

活着真好。

目
录

第一章
四月里

我被确诊为癌症的那一天，是 2016 年的四月。究竟是四月的几号，我忘了。我应该记得的，可是我忘了。

只记得穿着高跟鞋的女医生走了进来。每次隔老远我都能听见她的鞋跟叩击走廊地板的声音，铿锵有力。这时候，我要是在玩手机，就会立马把手机塞到枕头底下，发呆的话，也会马上回过神来看着她，像小学生敬畏老师一般。没有什么匪夷所思的原因，我只是想让她知道，我尊重她，以及她的工作。

她走了进来，例行公事地看了我一眼，依旧神情严肃。医生一旦严肃起来我就紧张，不过这一次我没有，因为她的后面还跟着一大群亦步亦趋的实习医生，她很有必要在他们面前做出为人师表的派头来。

至少我是这么想的。

"小伙子今天可以出院了。"她语气轻松到与神情不搭。

旁边的实习医生递给她一份病历报告，她捧在手里，头一次语气凝重："这……转科吧。"然后抬起头看了我一眼，我的心往下一沉，突然对她有点抱歉。

在此之前，活检的结果我爸已经告诉我了。

"恶性肿瘤，要做化疗。"我爸说完便呜咽起来，说话的声音也变了。彼时我们站在走廊的尽头，透过玻璃窗子可以看见阳光自由自在，行人小得像蚂蚁。只是生命里即将过去的最平凡的一天罢了。我看着我爸，开始手忙脚乱地安慰他。

这不是他第一次为我哭。上一次是不久前他听说我要做手术，电话里的他平静得像是在聊别人家的事，嘱托我向老师请好假，说他马上就回来。

这是我爸外出打工的第十七个年头，大约在我三岁的时候，他便和我妈离开了家。从此每年我见他们的时间便少之又少，他只有过年的几天年假，其中两三天都耗费在路途上，真正一家人阖家欢乐的日子实打实地算下来，一年里只有七八天左右。小时候我最爱过年，过年才能见到爸爸和妈妈。

后来我上了高中，父母也从原先的工厂离了职，辗转去河北开了间早餐店，卖小笼包。说是早餐店，其实是从早卖到晚，他们四点不到便起床，晚上八点街上人迹罕至才舍得关门休息。

方才他口中的"回来"，便是从河北启程。

我站在武汉同济医院的门口，隔老远就看到有人招手，接着我爸便走了过来。他穿着我高中时弃置的一件旧毛衣，看起来十分滑稽。我们话不多，拖着箱子挂了门诊。

我的脾脏上面长了一颗肿瘤，这是前一段时间我体检的时候发现的，医生说要做手术，我才联系了千里之外的父母。

那时候似乎谁都没有当回事，直到他听说这可能并不是一个小手术。当医生说只能把脾脏全部切除时，我爸抗拒地摆了摆手，径直推门走了出去。走出诊室的那一刻他便哭了，边推着箱子边哭，医院里人潮涌动，下手扶梯的时候，有不少人好奇地打量着他。

"别哭了，不就是做个手术吗。"我安慰他，心里其实颇为不满。在我接受的教育里，父亲永远是山一样的形象，是足以信赖的依靠。这十几年来，我和他相处的时间虽寥寥无几，可我心里早就擅自将他塑造成那样的存在。

"不是……我就是……就是……觉得你还那么年轻……"他几乎话不成句，眼泪大颗大颗地掉下来，悲伤到不能自已。

我也沉默着，在一棵说不出品种的树下停了下来。三个人中只有我妈最正常，这里面有个特殊的原因——她的耳朵不好。我始终不愿意说她耳背。大概从初中开始，她每年回家独自一人出门我就会很紧张，一般人交谈的音量对她而言过小，我就待在她身边充当她的翻译，等别人说完她要是没听见，我就再转述一遍。这时候，对方要是露出狐疑的神情，我便率先开口，"她耳朵不太好"，将那句有可能出现的"你妈耳背"扼杀在摇篮里。

这种日子时常令我提心吊胆，可没办法，这个世界上总是有不礼貌的人。

我妈却不介意，她总是笑笑："年纪大了，耳背。"

就好比这时，她虽然一起进了诊室，可医生的话仿佛断断续续的电波，她听清了几个字，却还是不明白发生了什么。

"医生怎么说？"她关切地问。

我一字一顿地跟她解释清楚，确保她能够听见每一个字，如果她听明白了，便会认真地点头，这时她就点了。

"没事的，现在的医学这么发达。"她笃定地安慰我。

我潦草地敷衍着她，心里想着别的事情。这时我爸又开口了，他抹了一把眼泪，骂道："你放你妈的臭屁，整个切掉啊，还没事？你个猪脑子。"他的声音还带着哭腔，语气里是一如既往的咆哮。

他们两人的婚姻并不美满，这几年矛盾更甚。过年回家寥寥数日，总得挪几天出来留给争吵。以前我每次都是帮着我妈的，在我看来，她温柔、勤劳、漂亮，嫁给我爸实在是委屈她了。可这会儿我小性子上来，不想管了，一个人径直向前走去。他们这才停止争吵，追了上来。

我们随便找了一家小馆子吃了顿饭，肚子饱了，我爸的理智也回来了。

"手术就手术吧。"他像是认命了一般，随即又看向我，"你不要怕，这可是华中地区最好的医院。"说完眼泪又漫了上来。

我夹着菜也不看他："我不怕，就怕你怕。"

说实话，这些年，我有点受够了他的眼泪。

"我这人吧，"他接着说，"你别看我脾气暴躁，又冲动，可只要是你有事，我就没办法，我也不想哭，可我控制不住自己。"

我默默地听着他说完，一时不知道该说些什么好。这些年来，我们没什么交流，电话里基本上是他对我肆无忌惮的干涉。不准干这，不准干那；这个危险，那个危险。我在他远距离的庇护里长大，对他的感情充满矛盾，我最爱的就是他，却从来不想让他知道。他也无条件地包容我突如其来的冷漠，十几年，都是这么过来的。

吃完饭，我们便办理了入院，在毫无人情味儿的雪白的房子里住了下来。那一年，我二十一岁，在武汉一所再普通不过的高校里念大二。那时候我还以为这只是一次简单的生病，一个月之后，我的人生天翻地覆。

❋

我这人运气一向不好，那一段时日又将这点"不好"贯彻得淋漓尽致。入院的时候正好碰上双休，双休过后清明节接踵而至，辗转好几日才得以见到教授的身影。他带着手下的十来个实习医生查房，浩浩荡荡的队伍让人莫名地紧张。

里头有个胖胖的医生看样子是他最得力的助手。接下来的几天，教授不在，那支队伍便跟在他身后鱼贯而入，出门的时候也需由站在病房最深处的他领头，等级森严。

此刻，他正拿起手上的 iPad，把我先前一系列的检查结果向教授汇报，教授看了我一眼，又嘱咐了一旁的我爸几句，便退出了病房。

我悄悄地问队伍后面的一位年轻医生："我里面是确定长了颗肿瘤吗？"有个过于缥缈的原因我没有告诉任何人。

"嗯。是确定长了颗肿瘤。"他推推鼻梁上的眼镜，看起来比我大不了几岁。

那天之后，我感觉一切尘埃落定，之前残存的侥幸也胎死腹中，才老老实实地接受了需要手术这一事实。说真的，在我没有亲自向那位医生确认之前，一切都仿佛不真实，我笃定，在最后一刻，他们会告诉我些类似于"误诊"这样的话。

好不容易我做好了准备，医院却迟迟定不下手术日期。我在那座熙熙攘攘的外科大楼里一待就是十多天，也不用药，每天吃完早餐，我便穿着病号服下楼溜达，可医院又有什么新鲜的呢？后来，我干脆坐在病房里看起了书。知道要住院时，我从宿舍带了一本史蒂芬·金的《写作这回事》，如果不是在医院，我有可能这辈子都看不完这本书。

一旦医生过来查房，我就会把书藏起来。阅读从来不是一件可耻的事，可我除了图书馆和自己的房间，基本不会在其他的地方看书。这个世界有太多的人不周到，见到有人哭便会暗自揣测他的八卦，我受不了那种"哼，装腔作势"的眼神，索性将此变成隐私。

高中毕业那年，我头一次去和我爸妈过暑假，那也是我第一次出远门，第一次乘坐火车，这么多个"第一次"一块儿在人生清单里被划去，不亏了。要坐二十多个小时的硬座，我在包里塞了本简媜的《水问》，便踏上了北上的列车。

隔着一条过道，旁边是一位阿姨带着她刚刚结束高考的儿子，一脸自豪地讲述着儿子考六百多分的传奇。想想我的分数，她是有理由自豪的。

对面起初还认真听着的大叔，渐渐也有点意兴阑珊，想要把话题引向别处。

"好像要下雨了。"大叔看了眼窗外说道。

"高考时要是也能下点雨就好了，孩子们热得啊，遭罪……"她头也不撇，继续嗑瓜子，接着说道，"你说像我家孩子这种有好成绩的，热一次也就算了，那些热了又没考上好大学的，哈哈，白热了。"

这次大叔连附和都懒得了，直接嘤声去玩手机。

恰好她儿子开口了："妈，把我手机给我，我要玩手机。"

唉，我叹了口气。六百分果然不是随随便便就能考的。

我窝在座位里看书。车厢里喧哗嘈杂，书很难读进去，我无意识地往旁边一瞥，发现那位阿姨正在看我，眼神满是不屑与轻蔑。等我堂而皇之地扭过头去跟她对上眼，她丝毫不慌乱，也不收拾自己的不礼貌，过了一会儿，才转过脸去。

我在心里默默地给她贴上"没素质"的标签，虽然知道是她不对，我还是把书收了起来。那之后，坐再远的火车我都没有带过书，而简媜的《水问》，我到今天也没有看完。倒不是因为素不相识的阿姨，就是没看完。

我爸不反对我看书，我小婶比较反对。这十几年我都住她家，和爷爷奶奶一起生活。每次过年，我爸妈回家，她总是指着书柜里一排排的书说："这都是钱啊。"

我妈只是笑笑，也不知道她听见没。

那几天我在病床上看书，我爸就坐在椅子上打瞌睡。我生病后他晚上总是睡不着，夜里，他习惯戴着老花镜玩手机，再迷迷糊糊地眯过去。

手术的时间不定，他便开始收集起旁人相同的病例来鼓励我。

"你奶奶一个堂兄弟，你舅爹……你可能不认识，二十多岁切除了脾脏，现在七十多了还种二亩地，身体好得很，他们那时候医学技术多差啊……"

"你姑父邻居的表兄，前几年出了车祸脾脏破裂，也做了切除，现在照样好好的……"

他表面上是在宽慰我，可那几天，他自己的精神头倒是好了不少，哭丧着的脸也逐渐平复下来。那时候的他肯定不知道，接下来还有暴风骤雨需要面对。

我在医院无所事事的那几日，我哥来看过我一次。他工作忙，付出得多了，自然就有回报。他比我大三岁，已经在武汉自食其力买了房和车，算是我们那一片年轻人里的翘楚。

"你想吃车厘子吗？"他问我。我从小和他一起长大，他清楚我除了吃没有其他的爱好。

我瞥了一眼小婶，也就是他母亲，她面无表情，不知道在想什么。"不用了不用了。"我连忙拒绝。

他走后没几天，我姐姐和姐夫也回来了，后来是姑姑和姑父，一群人快要塞满整间病房了。他们吃住都在医院，晚上就睡在走廊的地上。一时间，亲人环绕身侧，我们家过年都没这么热闹过。

我姐姐是我亲姐，她读完小学便辍学，跟着父母外出打工，是跟着爸妈长大的孩子，可她一点也不幸福。

有天晚上我躺在医院的病床上接到了她的电话，没说几句她就开始抽泣，嚷嚷着要回来，我安慰她让她好好工作，没隔两天，她就出现在了病房里。

手术后来排在了周四，现在看来，那仿佛是一出悲剧电影的倒计时，起初还不知道，到最后，大幕拉上，大家都说不出话来。

✣

周四手术，周三我便开始禁食。一大早护士便给了我一瓶药，兑了 1.5 升矿泉水服用，临走前嘱咐我少吃点东西，尤其是不易消化的，不然清肠的时候会难受。

"能不吃吗？"我问她。

"可以。"她干净利落地回答，紧接着又转战下一个病房。

那一天，我只喝了两袋牛奶，牛奶是胖丁和皮蛋来看我的时候拿过来的。她们是两位亭亭玉立的少女，我高中四年的好基友。胖丁之所以叫胖丁，是基于她尴尬的歌艺，当然人如其名，她也瘦不到哪里去；皮蛋生来便讨厌皮蛋，因此得名皮蛋。

我朝她俩嚷："明知道我不喝牛奶买啥牛奶？"

我讨厌一切寡淡无味的饮料。第一名便是水，如果水算饮料的话。

"你现在是病人呢。"皮蛋说道。

"对啊，"胖丁也附和，新奇地看着四周，"我还是第一次来探病呢，莫名地紧张。"她轻轻地将头发撩到耳后，脸更大了。

还好有我姐在，那些多余的牛奶才不至于浪费。

我爸便说她："你少喝点，给你弟弟留点，他病好了还要喝呢。"

"我不爱喝牛奶。"我打断他。

"听见了吧？他不爱喝牛奶，他就爱喝果汁。再说了，等他好了，他要喝我再下去给他买。"

"真是不懂事！"我爸恨铁不成钢似的呵斥她。

彼时我刚好喝完护士发的强效泻药，开始一趟趟地往厕所里跑，晚上的时候，护士检查完排便告诉我："嗯，很好，明天不用灌肠了。"

那时我对"灌肠"一知半解，我爸在边上嘀咕："一整天啥都没吃，身体怎么扛得住啊。"直到第二天，隔壁床吃嘛嘛香的老爷爷被一根细长的软管走了"后门"，我才庆幸，管住嘴是多么的重要。

老爷爷开始频繁跑厕所的时候，护士进来给我上胃管。我发誓，那一刻我迫切地渴望未来医学技术能日新月异。

护士问我："你哪个鼻子通气？"

我吸吸左鼻孔又掏掏右鼻孔："都一样。"说完护士便开始工作起来。

我已经忘了她当时插的是左还是右，在一种溺水般的濒死感面前，那实在不值一提。

"快了快了。"她善意地提醒。

"我眼泪跑出来了。"

"是正常的，都会这样。"她莞尔一笑，给我抽了两张纸巾。

"待会儿要加油噢。"说完她便走出了病房。

隔壁的老爷爷似乎要住在厕所里了。我这么想着，医生进来为我插了尿管。

"你第一台。"他淡淡地说。

没过多久，我就被穿着淡绿色衣服的工作人员往手术室推去，我爸跑上来握住我的手，"不要怕，很快就过去了，我们在外面等你。"

我看着我的家人们站成一排，快要堆满走廊，心里出奇地平静。

手术室里，女医生问我："叫什么名字？"

我报出姓名。

"知道要做什么手术吗？"她又问道。

"脾切除。"我说。

"来，戴上这个。"说完她便给了我一个电视剧里看过的氧气罩一样的东西，很快我的意识开始模糊，那是我唯一一次无梦的睡眠。

不知过了多久，迷迷糊糊中听见有人叫我的名字，我闭着眼睛应了一声。

"做完了？"我问。

"嗯，做完了。"有人回答。

后来又听见我爸的声音，陌生人说话的声音，各式各样的嘈杂，好像离得很远，又仿佛近在咫尺，在耳边喧嚣着。我无力地睡过去，醒来时人已经在"重症监护室"了。

我看看雪白的墙，忙碌的护士，和各种叫不出名字的机器，第一反应是：糟了，这里好贵。

前些日子在病房待着的时候，我就听人谈起过它，说每天的花费都是一万左右。我做个微创手术，怎么就进了重症监护室呢？

第二天下午有十分钟的探视时间，我爸进来看我。他眼里布满血丝，表情却是如释重负。

我跟他说这里面好贵的，我们要快点出去才行。

他倒是满不在意："医生说出去才能出去呢。"

我在里面待了整整四天。第三天的时候，管床医生过来通知我可以出去了，下午却又搁置下来。

"外面没床位了。"护士用镊子夹着棉球帮我清洁口腔，告诉我。

"嗯。"我应了一声，算是回答，心里却是难受的。

除了肚子上被打了几个洞之外，我觉得自己意识清醒，身体强健，与常人无异，应该立刻转入普通病房才对。当然，这种嘴硬是在度过了那个生不如死的夜晚之后才有的。

做完手术的那天晚上，由于之前清过肠，身体严重缺水，我口干舌燥，频繁地跟护士说要喝水。

护士用一根棉签蘸了水涂在我的嘴唇上，这是实实在在地印证了那句"塞牙缝都不够"。

"再多给点。"我有气无力地说。

"不行，刚做完手术，不能摄入过多的水分。"她在我的嘴唇上均匀地涂抹了几遍，又网开一面让我把那根喝饱水的棉签含在了嘴里。

那一刻，我满心都是对水资源的感激。我平时不爱喝水，我有罪。

可是干渴来得永远比补给要迅速得多。我已经没有力气叫护士了，只能拿手撞击床边的护栏。护士闻声赶来："怎么了？"

"我渴。"我的声音听起来像个垂死的老人，奄奄一息。

"每个人都有这一步，可是你不能喝水，你知道为什么吗？你水喝多了不利于伤口的愈合，一切就前功尽弃了。"她认真地解释。

"好吧，那我不要了。"

"来，张嘴，含着，"她又往我嘴里放了根棉签，"明天早上就好了。"

那一晚，我被干渴折磨得屡次想要放弃，就想死了算了吧，活着这么累。可也只是想想而已，我可不能死，死了不退钱的。

人越是缺什么越是爱胡思乱想什么。我连水都喝不到，可脑袋里浮现的全是各种果汁，像广告里那样一杯一杯地排着队从我眼前走过，一切甜的东西都在我的脑海里横冲直撞。

我一边拿干涩的喉咙咽着口水，一边想着出去之后先喝什么好。

喝不到水，我只希望自己能快点睡着，睡着就什么事都没有了。

我叫来护士："能把灯关掉吗？我想睡觉。"我猜想自己生病的模样特别惹人怜爱。

"不行，还没到关灯时间呢。"她干净利落地拒绝我，公正严明。

室内一片嘈杂，叫的叫，号的号，护士们讨论着昨天新买的包包，其中一个说想要文眉，另外一个马上推荐了靠谱的美容院。老话说，"三个女人一台戏"，一个重症监护室大约十几个女人，按照初中数学里的排列组合，可想而知有多少种搭配。

我旁边的叔叔做完肝脏手术，疼得受不了，不停地号。他号完我就开始哼，此起彼伏，也不知道什么时候睡着的。

护士果真料事如神。第二天可能是输入的药液起了作用，干渴的症状消失了。里面唯一的男护士走过来提醒我："能睡的时候就尽量睡，我们这里面可能有点吵。"

我想起昨晚的盛况，点了点头。

那几天里，我除了睡觉，唯一的乐趣就是看有资历的老护士们编排那位护士小哥和其他年轻的女护士。小哥人长得挺好看的，不时被年轻的妹妹们消遣。"今天下班我们去约会吧。"小哥似乎对这种玩笑司空见惯，一边敷衍她们一边继续做着自己手头的事。

我竖直了耳朵听他们的对话，高考英语听力都没这么认真过。时间一分一秒地过去，每一刻都真切而漫长。

还是四月里的某一天，我如愿转移到了普通病房。过去的几天里，我的家人们都睡在重症监护室外面，一有风吹草动他们就能立马知道。"遗憾"的是，什么都没有发生。

　　我爸的心算是踏实了，那时候谁都没有想到，真正的灾难还在后面。

　　他是负责和医生接洽的人，所有的一手消息往往都是未加修饰、冷酷而直接的。而我从他那里得到二手的转述，因为经过善意的加工，往往令人平静。

　　活检结果尚未揭晓的那几天，我在群里开玩笑："要真是癌该怎么办？"

　　"那你的中分就不保喽。"小马尽情地奚落我。一个月前，我刚烫了一个中分，觉得自己帅得跟李易峰似的，结果在朋友圈里饱受嘲笑。

　　"那要我们陪你剃光头吗？"皮蛋发问。

　　"对啊，就像《肿瘤君》里那样？"胖丁接茬。

　　"不了，光头太考验颜值。你们已经够丑的了，再让你们剃光头我还是人吗？"我拒绝。

　　小马："你什么时候变成人的？怎么不通知一声，不厚道。

（微笑）"

胖丁："+1。"

皮蛋："+2。"

本是一句无伤大雅的玩笑，却一语成谶。

诊断结果：弥漫性大 B 淋巴瘤高危。

✳

我们搬去血液科的那一天，我爸只跟我说了一句话，他握住我的手，没有哭，声音却是颤抖的："你要加油。"

我点点头，总觉得不是真的。

只是有点心疼他，一个连孩子得个小感冒也要在电话那头牵挂的人，诊断一次次地将他从平地逼上了悬崖。人其实一辈子都在学着成长，只是有些道理，必须用残酷的代价才可获得。

我也是死到临头，才清楚自己是多么舍不得他。

有一天傍晚，我们坐在医院楼下的长椅上，他告诉我："老天还真是不公平，我们这一家子好不容易团聚了，现在却……只是苦了你了，这辈子也没和父母好好待过。父母真是作孽啊。"

那一刻，我看着他软弱下来，突然有点想哭。可我们终究是不同的，区别在于，他信老天，而我爱科学。

很快，我从外科大楼搬到了内科大楼，一时间心里不免忐忑。
这种忐忑不全是对病情的惶恐，在我看来，更多的是对于新环境
的抵触。我从小到大都不是活跃开朗的孩子，每次开学，其他小
朋友很快便能打成一片，我就呆头呆脑地坐在座位上茫然四顾，
虽然后来我总是能够融入他们，可慢热带来的磨合期漫长而孤独。

此刻，站在内科大楼的病房里，我又开始绑手束脚。我姐姐
已经和邻床的奶奶探讨到了对方的家庭人口组成与儿女工作状
况，我还是站在那里，打量着这座有些年岁的老楼房。与外科大
楼的明亮宽敞相比，它显得逼仄而局促，每间病房里放了四张床，
中间以窄小的过道划分出彼此的归属地，可即便如此，依旧不妨
碍它的地板纤尘不染，像水洗过一般。

奶奶看了我一眼，我也正望向她，无奈，只好尴尬地一笑。

"没事的，小伙子，别怕。"她对我说，说完便起身去给老伴洗水果，黑色的连衣裙摆动，上面印着我叫不出名字的花朵。

我这才惊觉，夏天就要来了。

在家人的陪伴下，我在这间陌生的病房住了下来。第二天一大早，便去做了各式各样的检查。其中有一项叫"PET-CT"，精密的全身检查，排队做完回到病房，正好到了吃午饭的时间。

奶奶煞有介事地问我："做PET了吗？"

我点点头。

"那个可贵了，八千五！一分钱都不报销的。"她吃了一口米饭，接着说，"以后上了化疗，还要做的。"她的脸上有些许的快慰，大概是得意这个消息是她第一个告诉我的。

我心一沉，茫然地看着我爸。他像是没听见一样，也不看我，忙活着给我夹菜："多吃点，好吃吗？"

我点点头，一时只觉得五味杂陈，爸妈起早贪黑换来的辛苦钱，被我用如此汹涌的方式一笔笔悉数挥霍掉了。

"你也多吃点。"像是为了赎罪一般，我说道。

"嗯嗯，我知道，我知道。"他嘴里敷衍地应着，手上的动作却没停下。

吃完饭，我们便照着护士的指示去穿刺PICC。所谓PICC，其实就是一根三十多厘米的软管，从手臂偏上的静脉沿着血管穿刺进去，之后的一年，它都会留在我的身体里，陪着我洗澡吃饭，直到治疗结束。

一路上我都挺紧张的，身体里突然要携带一项人类自己的发明，总觉得不自在。

在此之前护士已经解释过了："化疗药物对血管的损伤是极大的，这种损伤在治疗结束后也是不可逆的，PICC就是起到一个保护血管的作用，也避免了反复打针的疼痛，直接接你手臂上的接头就可以了。"

既然都已经来医院了，就遵照医生的指示好了。我和我爸权衡之后，还是决定穿一根。

我坐在一间小房间外的椅子上等待，椅子有点凉，可我浑然不觉，只是心跳稍稍地加快了。等护士出来叫到我的名字，我便迅速撇下我爸走了进去，生怕自己会反悔似的。

房子里面的内容和它的外观看起来一样狭窄，一张小床和几台叫不出名字的机器占据了它绝大部分空间。我依照护士的指示脱下衣服躺在那张窄床上，就听见护士开口说："别紧张，放松。"

头顶白色的灯光高高在上，这一切多么熟悉。

一想到有根三十多厘米长的管子要穿进我的皮肉，我便害怕自己待会儿可能会控制不住杀猪般地叫起来，场面会很难看。

我看看护士，护士也看了我一眼，说："别看。"

我只好老实地别过头，望着头顶被铁栅栏囚禁的白色灯管。一根，两根，三根，四根……即便一眼望尽我也依次数了过去，还故意数得很慢，好集中精力去捕捉皮肉最初被刺破的那一刻，不至于让疼痛猝不及防。

可痛感迟迟不来。我已经有点没耐性了，心想准备工作需要做这么久吗？可又不好转头看，只好接着数起纵横交错的栅栏来，而且非常讲究策略，先长后短，先易后难，等到线条全部数完，我又利用我浅薄的高中数学知识计算起这其中一共能组成多少个长方形……

我的脖子渐渐地有点酸了，我想动一动，好让它舒服下来，可护士依旧在工作，那样太不礼貌了，甚至有可能会被责备，我便维持着方才的姿势。长时间集中精力却一无所获的等待消磨了之前所有的心理建设，我决定不再在意丢脸那回事，疼就疼吧，不管了，待会儿爱怎么叫就怎么叫，如果她是专业的医护工作者，一定能理解的。

我开始尽量把所有的注意力都集中在眼睛里所呈现的世界，让手臂上姗姗来迟的疼痛不至于被我假装粗枝大叶的神经感知到。

从我躺下的那一刻起，脑子里便开始单曲循环田馥甄的《你》，这是我最近一直听的一首歌。

黑夜 你独自面对
多少的梦魇 我不了解
但我知道 蓝天

终究会出现

暴雨的终点 是一片草原

…………

　　我以前就有这样的毛病。高中有一次语文考试，正好碰上《甄嬛传》热播，写作文的时候，我一边列举贝多芬、张海迪等名人身残志坚的论据，一边跟着姚贝娜天籁般的声音在脑子里唱："天机算不尽，交织悲与欢。古今痴男女，谁能过情关。"

　　现在，我躺在那张小床上，感觉头顶的灯光好像亮了一些。

　　护士还在做着准备工作，聊着一些家长里短的琐碎，可我已无心听她们到底说了些什么。我开始往好的方面想——现在疼一点，出去之后又能和朋友们吹嘘了，他们可没有一个人穿刺过PICC呢。这样想着，我便把心一横，视死如归地闭上了眼睛，等待着疼痛感经由我的手臂传遍全身。

　　我想它也该来了吧。

　　可却始终没反应。不知过了多久，我觉得我就快睡着了，却听到护士说："起来吧。"

　　"什么？"我摸不着头脑，随口问了一句，"做完了？"

　　"嗯，做完了。怎么，想赖着不走呢？"护士笑着开起了玩笑。

　　可这一点也不好笑。

　　就好像拍照时你摆了最销魂的姿势，对方却在你抠鼻屎时按了快门。

护士扶着我从床上起身，又严肃地向我讲解了这段时间的注意事项，我认真地听，向她确定了一遍，道了谢便推门出去了。

"怎么样？疼吗？"我爸关切地跑了过来。

"哈哈哈哈，"像在做梦一般，我这才反应过来，"一点感觉都没有，就躺在那里就好。"

"那就好。"我爸深呼出一口气。

回到病房我就给好友群里写了消息：要上化疗了，接下来几天别来找我，应该会很难受。

消息发出后，大约只过了两个小时，他们仨便拿着各式各样的食物出现在病房了，现在想来，那时候的他们应该是全世界最胖的天使。

我生病的消息，除了他们，没有告诉任何"其他人"。记得当初向老师请假说已经预约了检查的时候，室友笑着打趣："希望你白花一趟冤枉钱，啥事也没有又屁颠屁颠地跑回来继续祸害我们。"

我也笑了，还点了点头。

等检查结果出来，我就直接在医院住了下来，仔细一想，那是我们面对面开过的最后一个玩笑了。换洗的衣物也是让我小叔去学校拿的。正好那段时间学院组织为期两周的外出采风，我在心里盘算着，等他们回来，我也做完手术回学校上课了。

结果意外却不期而至。

转进血液科，我便没有和同学联系过了。我有点害怕他们语气里有可能出现的惊讶，也不知该怎样给出一个皆大欢喜的交代。

嗯，就是觉得欠一个交代，就是总是想逃避。

可他们三个却是不同的。

那天我吃着他们拿过来的寿司，开起玩笑："这不会是最后的晚餐吧？"

"怎么可能，以后我们还要约很多次呢。"他们的笑容一如往常，让我稍稍地安心下来。

等我将最后一个盖着生鱼片的寿司塞进嘴巴，使劲地想要记住它的味道，"化疗大魔王"仿佛也没有那么可怕了。

�֎

化疗。

在我之前的人生里，这两个字大约只出现在狗血国产剧里，或奶奶听闻某位年近八十的老友突染恶疾时的喟叹。如此近距离地接触它，这还是头一遭。

与大多数人的想象不同，化疗不是什么高科技的仪器射线这类，只是再平凡不过的治疗途径——将装有化疗药物的液体，通过输液送入人体。倘若不是贴在胸膛上的电极片和看起来人命关天的氧气管，旁人还以为只是普通的感冒发烧呢。

这也直接导致了朋友第一次来看我时的惊诧："这就是化疗？"

听起来挺失落的。

"怎么？一定要我看起来生死攸关你们才满意是吧？"病床上我摘下氧气管怒目。

"不是不是，"他们连忙摆手，"就是如果能堵上你这张嘴就好了。"

可话说回来，堵不堵嘴也不是我说了算。

护士替我戴上氧气的时候，我告诉她："我呼吸挺顺畅的。"

"不行。你这是第一次上化疗，得格外小心，这一次要是没问题，下一次你可以不戴着。"她边说边将氧气管放进我的鼻孔里。时间一长，就有点不太舒服了。

"你要是觉得不舒服，可以摘一会儿再戴，没问题的。有头晕呕吐记得要告诉我们。"她耐心地嘱托。

我点点头，第一次化疗便开始了。

那一天晚上是我爸爸和小叔一起照顾我，其他人都回到了我哥在武汉的家，一大早又得坐两个小时的公交赶过来。我说他们其实可以不用来，可他们就是要来。

我的化疗药物很有特点。四大袋红药水，卡在一旁的输液泵上，几秒钟才舍得滴下一滴，输液完成需要九十六个小时，也就是四天四夜。护士临走前还特意嘱咐我，如果没什么大事，尽量不要让它间断。

我问："上洗手间算大事吗？"

"不算，"护士调好输液泵，"不是有便壶和便盆吗？就在床上就地解决，免得你瞎跑。"

"你还真贴心。"我被她的语气逗乐了，人也开始放松下来。

身上全是管子，自然有点妨害睡觉。而我偏偏又是那种睡觉爱在床上打滚的人，此刻动弹不得，找不到最合适的姿势，睡眠便迟迟不肯降临。

隔壁床的爷爷开着床头灯，读一本字典般厚的《杜月笙传奇》。他见我在看他，便笑着说："还不睡呢？"

我点点头。又怕他看不清，还是"嗯"了一声。

我见他头上光光的，便问："爷爷，化疗都会掉头发吗？"

"这也说不准，有人会掉，有人不会。"说完他下意识地摸了摸自己的头。

夜深人静，我便不再讲话，只有隔壁床头洒下的灯光，让我知道还有人作陪。第二天起床，我已经忘了自己到底是什么时候睡着的了，老爷爷借着微弱的光线看书摸头的模样却记忆犹新。

我爸问我昨天睡得怎么样，被我囫囵地打发过去。

大约上午十点的时候，家人们都过来了。我妈带了在家做好的饭菜，小婶用保温杯给我带来一大杯热水："医院里的水难喝得要命。"

她五年前因为乳腺癌住过院，对医院里的一切都驾轻就熟。

我想告诉她水都是一个味道，不用大费周折。又不愿浪掷她的好意，最后还是什么也没说，随她去了。过了几天，她可能是渐渐腻烦了这种琐事，也没有再带水来。

人在医院，唯一的消遣大概就是听听别人的故事了。住我隔壁床的老爷爷是荆州人，年近七十，育有一女。他大概是我见过的最爱吃零食的一位老人了。就是这点"不足挂齿"的爱好，令我感觉他十分好亲近，不似一般老者古板固执。

我爷爷便是"古板老人"之一。他除了米饭之外，见不得人吃任何其他的食物。见了水果他便皱眉，孩子们爱的果冻、辣条之类更是大忌，可想而知，跟着爷爷奶奶长大的我童年时嘴巴里是多么寡淡。

这位老爷爷却是不同，每天我都可以看见他吃各种年轻人热衷的零嘴儿。有时候是五颜六色的彩虹糖，他翻书的时候便嚼一颗；有时候是"良品铺子"的各种果干，那是他看电视时的伙伴。

他也会问我："你吃不吃？"我连忙笑着摆摆手，他便和我爸聊了起来。

言谈间我才知道这些零食都是他女儿买给他的。女儿在武汉念完大学本科便留了下来，一待就是十多年，兜兜转转始终找不到中意的男人，算是大龄女青年了，也是二老的一块心病。眼看着身边比她小的姑娘们都纷纷结婚生子，阖家欢乐，父母急得觉都睡不踏实。"皇天不负有心人"，女儿最终还是在几年前把自己嫁了出去，结婚生子安下了家，也算是了了二老的一桩心愿。可她毕竟是独女，老人还是时常会挂念她，无奈女儿工作太忙，见面的次数并不多。

我这才想起住院的这几天，一次也没见过他女儿，都是他老伴照料着生活起居。

"女儿孝顺，就是工作太忙，"爷爷吃了一块饼干，"不过年轻人嘛，忙工作是应该的。"言语间满是对女儿的自豪。

这时他老伴走了进来，还是那条印花的连衣裙。这位奶奶其实脾气不大好，进门便嚷："吃吃吃，一天到晚就知道吃，听没听医生说要多下床活动啊。"说完便扶他下床。爷爷也不争不闹，乖乖地穿鞋，临走前还拿了一包芒果干。

我不禁笑了出来。这大概就是婚姻吧，彼此都清楚对方的棱角，却甘愿调整自己与之契合，多少年风风雨雨却相安无事，不是没有道理的。

我看看我爸和我妈，又沉默了下来。

没过几日，隔壁的床铺空了出来，老爷爷出院了，下一次化疗在两个礼拜之后。身旁一下子空落落的，真有点不习惯。

后来的事是听我妈说的，她主要是讲给我爸听的，可是我也听到了。在老爷爷住院的这段时间，他的女儿其实在闹离婚。起因稀松平常，都是钱闹的。他女儿的夫家是两兄弟，女儿的丈夫是弟弟，前段时间得知婆婆偷偷支援了十万给大哥还房贷，他女儿自然就不干了，吵了几次架不成，就开始拿离婚威胁。

"不是都有孩子了吗？"我爸问。

"现在的年轻人你以为还是我们那时候的老思想？离了婚带

着孩子一样生活。"我妈说道。

"啧啧，"我爸摇了摇头，"不负责任。"

"还有一件事，"我妈的表情更神秘了，"你知道吗？老爷子吃的那些东西，也不是他女儿买的。"

"那是谁买的？"我爸问。

"还能有谁？老伴儿呗。"

像是知道了什么，所有人都沉默了下来。

"你是听谁说的？"我爸仿佛不信。

"她自己跟我说的。"

确实，在医院里，人实在容易对素昧平生的陌生人敞开心扉，尤其是病友。可能是同病相怜的道理吧，彼此交换谈不上秘密的琐事，便仿佛可以一并上路。

我很好奇我妈又告诉了她什么，最后还是没有问。

几天后，我也出院了。白细胞低，易感染，我戴着口罩和帽子全副武装，坐在出租车里，毫无意外地再次堵在了雄楚大道上，车流似蚯蚓一般缓缓地向前蠕动，我才得以有机会仔细地记下了沿途所有的风景。

这条路，我后来又走了无数次，往返之间，好像什么都没有变，又仿佛什么都变了。

第三章

我们家

回家的日子变得分外轻松，由于我哥在武汉安了家的缘故，我便顺理成章地住了下来，省去了回老家的舟车劳顿，我到现在也依旧不胜感激。我与他各自占据一个房间，那不大不小的二室一厅已没有其他的闲余，小叔就买了一张床安置在客厅的一角，其他人便在客厅打地铺。好在已入夏，地板也不凉，我们就这样在那间不算宽敞的屋子里度过了一小段分外愉悦的时光。大家整日闭门不出，挤成一排看着国产肥皂剧叽叽喳喳，只有阳台外涌进好闻的空气告知夏日的临近。

我基本被限制出门，戴口罩度日，只是适时遵照医生的嘱托下楼注射"升白针"，其他时间都待在房间里看书和追剧。偶尔推开房门出去喝杯水，等待水温凉下来的间隙，在客厅里逗留片刻，也会被以"人多空气不好"的理由勒令退下。现在想想，真是小题大做得可以，可那时谁也不懂，只好慎之又慎，唯恐出什么其他的差错。

好在我还挺喜欢一个人待着的。刚上大学那会儿，我因为不爱打游戏很难和室友们有交集，于是整天一个人跑去图书馆读小说。阅读是一件无止境的事，一旦成为生活里的一种习惯，像吃饭喝饮料一样正常而频繁，就很难自拔。

有时候，我妈会悄悄打开房间的门，探头进来问我："很不好玩吧？"脸上虽然依旧是笑着的，可听得出来，语气里带着点愧疚。

"怎么会。"我对她笑笑，"在学校的时候待在宿舍也是这样的。"

"有事记得叫我们。"

我点点头。

我妈至少还是坚强的，而我爸开始不可理喻起来。

起初是哭。有时候我吃完饭，得到特赦被允许在客厅里陪他们看会儿电视，他的眼泪便会掉下来。那段日子，他成了一个水做的人，任何事情似乎都能令他触景生情眼眶一红。吃饭的时候他在饭桌上哭，偶尔他要求亲自下厨便独自在厨房呜咽起来。他圆鼓鼓的大肚囊瘪了下去，皮带也往里收了两个刻度。我病倒的这一个多月里，他瘦了二十多斤——可依旧是个不折不扣的胖子。

我因为日日夜夜见惯了他的眼泪，起初还总是安慰他，后来烦不胜烦，便逐渐对他恶语相向。

"要哭去我看不到的地方哭，我还没死呢。"

"你别说这种话，我就是倾家荡产也会医好你的。"他的眼泪更汹涌了，而我因为戳到了他的痛处只感觉一阵快慰。

我是打从心底里觉得他亏欠我的，只是以前不说罢了。可现在生病了，不见他鼓舞我反而整天哭哭啼啼，那些恶念便趁虚而入。

高三那一年的冬天，过年回家的时候他对我说："你高考的时候我不会回来的。"

我点点头。

"你高考结束要是想摆酒席，我也不会回来的。要摆你自己去张罗。"

"摆那玩意儿干吗？"我回绝。

"你读大学我也不会回来送你去的。"

"哈哈，我知道。我都没指望过。"说到最后我们两个都笑了起来。不是嘲笑，不带讽刺，是开心地，像是体察到了一样的笑点，由衷地笑了起来。现在回想起来都觉得莫名其妙。

最后一切都如他所愿，我独自拉着箱子去陌生的城市上了大学。走进寝室的时候一屋子的家长，我心如止水，只是别人打探的目光让我感觉有些许的尴尬。

高中毕业那一年的夏天，我给他打电话说我腋下有时候有点疼，想去医院检查，他一口否决了我。

"这么年轻能有什么病，别去，浪费钱。"

我挂了电话心里反而平静了些，心想能做的一切努力我都做了，包括杞人忧天的防范，日后要是真的有了什么问题，那他得担着。

可谁也没想到当真出了问题。PET-CT 的结果显示，我的腋下的确有病灶，不只腋下，全身多处都有，医生给出的诊断是四期，四期是淋巴瘤的晚期。

只是直到尘埃落定的那一刻我才清楚，人生彻彻底底是自己的，旁人谁也无法承担。

就这样，我觉得他是活该，反而轻而易举地原谅了草率的自己。

他哭，我认为他是该哭的，他为自己的愧疚与大意流点眼泪根本不算什么。我只是在想，如果那时候我固执地去做了检查，现在会不会有什么不同，我手里当时是有钱的，只是因为花的是他的钱，习惯了先打电话询问。我听话惯了，不愿意因为这点事和他无休止地争吵。

他依然在哭，只是我已经在冷眼旁观。

接着便是闹。他开始不厌其烦地找茬，主要对象是我妈。他嫌她做的饭不好吃，可他自己不下厨；嫌她地拖得不干净，可他连拖把都没拿过；动不动对她大吼大叫，净是在鸡蛋里挑骨头。好在最后他还是赢了，家里终于如他所愿迎来了一场大规模的争执。

可我却再也坐不住了，生病的人是我，得不到关爱就算了，每天还要照料他的情绪，一刻都不得清静。我静静地靠在房门口，听着他们两人你来我往地讲着在臭水沟里翻滚过的污言秽语，终于也崩溃了。不为别的，我只是终于看清了我的父母。

那是我生病之后第一次觉得无助，我以为是最后一次，可后来又经历了很多次，渐渐地心如死灰。我可以克服很多东西，疾病、恐惧、胆怯，可父母关系，那不是我能左右的，日后无论我走得多远，回过头总会惊觉它始终在一旁虎视眈眈。

我爸见我一个人靠着墙壁掉眼泪，也慌乱起来。他跑过来安慰我，见我低头不说话，开始失控地抽起自己的嘴巴来。常人要是见到这样的情景，一定会以为我们一家都是疯子。我爸向我保证，今后再也不吵架了。可他的保证就像兑现不了的空头支票，我小时候他不知做过多少这样的保证，十几年了还是回头就忘。

而我也是很小就明白了一个道理——那些祈求原谅时无所不用其极，自抽耳光下跪磕头连尊严都弃之如草芥的人，往后一定还会犯相同的错误；真正心中有愧的人，是连挽留都说不出口的。

可即便如此，那次争吵还是在晚饭时分便被遗忘了。我其实不太喜欢这样，我希望彼此膈应的时间能稍长一点，太轻易的原谅都长不了记性。可家人就是家人，和好与破裂都只是时间问题。

晚饭过后，一家人又围坐在客厅里看起了《欢乐颂》，热络地讨论剧情和人设，仿佛之前的一切都没有发生过。有一瞬间，我突然很怕这样的时刻再也不会有了，便积极地加入了他们的阵营，可越是如此，越是患得患失。太宰治在《人间失格》里写道："胆小鬼连幸福都害怕，碰到棉花都会受伤，有时还会被幸福所伤。"

我是胆小鬼吗？我不知道。

后来我洗完澡回到房间里，收到了我爸发来的短信，只有短短三个字，还端正地加了句号。

我爱你。他说。

我想回些什么，脑子里却一团乱。

"算了吧，你只爱你自己。"

"谢谢，可你更爱自己。"

想深刻地再刺激他一把，最后却只淡淡地回了一句："嗯，我知道的。"

我想那天晚上，他应该是可以睡个好觉的。

❀

我最感激我父母的一点，大概就是他们在生我之前，已经生了我姐姐。我姐在武汉的那段日子，确实给我的生活带来了不少的欢乐，不是那种笑料百出的开怀，而是更为安稳的舒适。只要有她在我身边，我就可以很安心。

我小时候爸妈很早就出去打工，都是她带着我玩。后来我还没个几岁，她也辍学打工去了，往后只剩过年期间的匆匆相聚，然后在离别的站台把脸上的皮肤哭得紧巴巴的。

"我再也不想经历那样的日子了，太难熬了。"她跟我说。她指的对象是她的儿子，我可爱又鬼机灵的小外甥。虽然今时不同往日，社交媒体迅速发展，人与人之间即便远隔千里也能保持频繁的联系，可这一定是不够的。

过去的一年里，我的小外甥都在家跟着爷爷奶奶生活，之前他都是跟随父母待在河北。我姐夫是卖小笼包的，也是他手把手地将我爸妈带上了这条路，那段时间里，我爸妈跟在他们身边一边学手艺，一边帮衬着带孩子，几个人的日子过得挺舒缓的。后来我爸妈离开，自己开店，无人替他们照顾小孩，生活所迫，只好把孩子送回了老家。

往后便是漫长的思念。我八岁的小外甥，在离开父母的怀抱之后，每天都坚持给妈妈打电话，认真地告诉妈妈自己这一天是怎么过的，吃了什么，做了什么游戏，看了什么卡通。即便每一天都重复而单调，可向妈妈报备自己的日常，这是他一定要做的事。

"妈妈，我们这里下雨了，你们那边呢？"

"妈妈，新的玩具收到了，爷爷拿回来的，很好玩。"

"妈妈，离过年还有多少天……"

…………

我姐也不恼，每天就听他不厌其烦地说。他爱说，她也爱听。虽然结束一天的劳作之后已经十分辛苦，疲惫异常，可他们却一定会打一个小时的电话。

我爸知道后就说她："打那么长时间的电话干吗，电话不要钱？"

我反驳道："你自己都五十多了还不是天天和你妈打电话。"

我爸就不说话了。

2015年的夏天，我去看小外甥，给他带去了很多的零食。他特别开心，可能是许久不见，脸上是我所陌生的羞赧。屋子里堆满了玩具，院子里拴着狗，他就乖巧地待在房间里看电视。

我仔细地打量他，发现他黑了不少，可农村小孩都黑。

那时候我就希望，他不要步我们这一代人的后尘，可以跟在爸妈身边快乐地长大。

好在我姐是个合格的母亲，在医院里她就告诉我，等孩子暑假结束，就把他接到身边来。

第一个反对的人是我爸，后来渐渐地，所有的大人都开始反对。

我爸别的本事没有，就是固执，他的固执也非常不讲理——自己的事别人谁都别想掺和，别人的事他是一定要掺和的。

他有他的道理："你们自己在外面努力工作，过年回家看看孩子，不挺好的吗？还有老人给你们带，多省心。这还不是最主要的，最主要的是，你把孩子带去河北念书，那是念不好的。人家老师不会管你外省的孩子，现在他虽然在乡下的小学读书，可老师在乎他啊，每次那学校光荣榜上都有他的名字。"

那学校每个年级就一个班，一个班就三四十人。

我对他说，如果以后高考只需要和那三四十人竞争，就让孩子继续在乡下读书。

他自然很难被说服，又告诉我："专家说过'好孩子是夸出来的'。老师都不喜欢他，你还指望他有好成绩？在乡下多好啊，老师又重视。"

围绕着这个问题，我们争论不休。长辈们都不赞同，他们的小孩，也就是我们这一代，都是这么过来的。现在突然要改变几十年所遵循的法则，隐隐地，我感觉到他们害怕改变，那等于否定了他们的一生。

我爸语气缓和下来："我就是给你提个建议，关键还是看你。"

"嗯，那太好了，我不想接受你的建议。"我姐说。

我爸又火了："你怎么这么倔呢，我们就是农村人，这就是命，别人都是这样过的，你怎么就不行？"

所有人都沉默了下来。

我突然想到了前段时间在新闻里看到的关于环卫工人的报道。他们住在租来的二十几平方米的小屋子里，即使生活再艰苦，也始终要把孩子带在身边上学，居无定所也好，颠沛流离也罢。那一刻我似乎明白了什么。从小到大，我一直感激父母为了生活背井离乡的牺牲，却忘了他们其实是有选择的。穷人一样也能相伴子女身旁，只是有的人，事到临头，害怕了而已。

隔了很久，我姐才开口："农村人就没有资格陪着孩子长大吗？"

事实证明，没有什么可以阻止一位母亲做对的决定。暑假来临的时候，她如愿将儿子接到了身旁。以后可能会很累，可她会负责到底。

相比姐姐的极力争取，我姐夫就淡定了许多。他是个沉默寡言的男人，也是个好男人，脾性温和，刚好与我姐互补。他十几岁便独自一人离家生活，那时候他哥哥还在读高中，后来又读了武大的博士。我不知道姐夫要是继续读书会怎样，心里颇替他不值，他却不以为意。

在我看来，"家"的概念在他那里十分淡薄，也许是因为他年少离家，对于我们不能忍受的"亲人分离"，他似乎习以为常，只是埋头做好自己的事，努力地赚钱。他烧得一手好菜，于是做饭的活计便归了他。

对于孩子的问题，他没有多表态，我们也都习惯了，甚少能在他脸上见到那种属于常人的大悲大喜。

我第一次化疗结束不久，我爸就催促他们离开了。我姐原本是想陪我到暑假再回家接孩子，也被我爸制止了，他大多时候也是明事理的——不能因为我们的事牵扯到其他人的生活。"我们"指的是我和爸妈，除了他们能被我毫无负疚地拖累之外，其他人都有各自的家庭。

他们离开的前一天晚上，我照旧去小区附近的社区医院输液，家人集体陪同，我们一行人浩浩荡荡的，护士也早已习惯。

晚间电视里依旧播着《欢乐颂》，王子文扮演的没教养却意外讨人喜欢的曲筱绡对奇点说："原来奇点大哥是小受啊。"

我姐便问我："什么是小受？"

我一时不知该如何解释，面对日新月异的网络新事物，我十分不愿眼睁睁地看着它们吞噬掉家人身上的质朴与传统。

"我也不知道。"我回答。

输液完毕，电视剧却还在播，谁也没有走的意思，我爸在一旁催，我回过头去告诉他："看完再走吧。"

他呵呵一笑："还真是一群小孩子。"说完便在旁边坐了下来。现在想来，那的的确确是我们一家人一起看过的唯一一部电视剧了，虽然最后谁也没有看完。

回家的时候天色已晚，路边的烧烤摊已纷纷出摊，老板在门前架了口铁锅，拿大铲子翻炒着锅里的虾。空气里满是呛人的油烟味，红顶的简易帐篷下，人们结束一天的繁忙，各自喝着小酒，将烤串与烦恼一块儿下肚。

我停下脚步，站在那里使劲地嗅了嗅，熟悉的香味就扑面而来。我又看看自己，帽子口罩，明明已入夏却还穿着挡夜风的外套，与周围的一切都显得格格不入。

"你可不能吃这个。"我爸在一旁提醒。

"我知道，就闻闻。"说完我拔腿就走。

烟火气在身后逐渐远了，我突然有点感伤，仿佛曾经的世界早已将我拒之门外。

✻

我姐离开后没过几天，武汉便下起了大雨。这场雨无休无止，没过几天便将武汉淹没，不是比喻，是真的淹没。我虽然没出门，但从火热的朋友圈里也还是能看出点端倪——小视频里，大家卷着裤脚（不是时下流行露脚踝的"卷裤脚"，是要下地插秧不计形象卷到膝盖的那种），涉水而过，但还是湿了裤子。

公交车宛如在水中行驶，拖起长长的水痕。车厢里满是水，站台上候车的乘客也看不清脚。我从来没有经历过这样的事，后来听老人们讲起九八年的那场水灾，记忆才突然有点明晰——原来儿时的幻觉是真的。

"九八年的水灾跟今年的比怎么样？"我问我奶奶。

"那比都不能比，那有什么好比的，我活这把岁数还是第一次发这么大的水。"我奶奶七十六，精神矍铄，电话里的声音听起来康健得很。

好在武汉毕竟是省会城市，泄洪的指令一下达，不消几日，马路上齐大腿深的水顷刻间便消退了下去，我看着窗外的瓢泼大雨，一切都仿佛只是一场梦。

而我的老家湖北天门就没那么幸运了。除了市区之外，下辖的乡镇无一幸免。齐腰的水漫进老百姓的房子里，家具全部被泡烂，地势再低一点的地方，污浊的水侵蚀了天花板。镇上的商铺、菜市场、米店集体关门，出行要划船。

我打电话给奶奶，问："奶奶，我们家还有米吗？"

奶奶正在看电视，我能清楚地听到"华妃"骂人的声音传过来。

"有米呢，米多得吃不完，饿不死的。你好不好啊？"这次她没有心疼电话费急着收线，反而问起我的近况来。

我生病之后奶奶来过武汉一次，她真是一个坚强的老太太，收起心里的悲伤，听着儿子哭诉生命的无常。无论她多大年纪，对于我爸而言，始终是支柱一般的存在。

"我很好啊，不要担心我。"我笑着告诉她。

奶奶家地势极高，即便水势再汹涌，也不能动她的房屋分毫。紧靠马路的我家便倒了大霉，水直灌进去，家具都在水上漂浮。

那时，大多数的人都跟随救援队去了市政府临时搭建的急救中心，爷爷和奶奶因为觉得危险"天高皇帝远"的，最终还是选择了留在家里。

我在水势稍退能通车之后，便去医院开始第二次化疗。那段时间我开始掉头发，每天睡醒，枕头上便粘了不少落发，清理起来十分不易，索性去剪了短发，清爽得不行。可还是不够，越来越多的落发像鱼刺似的扎得人浑身难受，我小叔就拿他的理发器帮我剃了光头。

　　这是我有记忆以来第二次剃光头。第一次是小时候，夏天里爷爷带我去的，在集市上的一棵大树下，脸熟却叫不出名字的伯伯在我的脖子上系了一块布，接着耳边便传来电剪酷酷的声音。我看着街上人来人往的，觉得有点不好意思。

　　回家后一照镜子，更不好意思了，一连几天都没有出门。后来实在憋不住了，便壮着胆子出去找小伙伴们玩。他们在房间里看《西游记》，我没有进去，踮起脚尖趴在窗台上朝里面张望。

　　突然有个小孩看到了我，他大叫一声："快看，有光头！"

　　说完，一群人便蜂拥而至，冲出来要摸我的小光头。

　　我拔腿就跑，又有好些日子没有出门。

　　彼时，我看着镜子里的自己，心里却是波澜不惊。窗外的雨已经停了，我就要出发。

第四章

那些萍水相逢的『其他人』

我第一次见到那个女孩，是再次入院的下午。在病房里头，一群人围着她。他们穿着各式各样的衣服背对着我，有蓝短袖，有连衣裙，有白大褂，将那片方寸之地堵得水泄不通，可我还是能从人群的缝隙里看清楚她——以及她脸上那种属于年轻的愤怒与歇斯底里。

她生气地吼叫着，声音可以传得很远，除了病房里的人之外，隔壁病房的家属也都拥簇在玻璃窗外，想要一探究竟。等护士给我整理好床铺让我躺下后，我才有心思回过头去仔仔细细地打量起她。围着她的人已经散去，只剩下她一个人靠着枕头玩手机。

我其实不太能够确定她到底是男还是女。大多数化疗病人免不了是要掉头发的，等到大家都顶着同样皎洁的光头，穿上一模一样宽松的病号服时，性别判断的标准基本是缺失的。

我是后来无意中听到她和护士的谈话内容，才知道她是个女孩儿。

床挨着床住了几天之后，我才想起问她那天下午为什么要号。

她的目光从手机上抬起来，像是在努力回忆当天的情景，然后突然"啊"的一声，茅塞顿开，算是记起来了。

"他们又要给我做'骨穿'，你说坏不坏！"她这样说，声音里还是恨恨的。

"骨穿"就是"骨髓穿刺"，从腰间最突出的那块骨头里插一根长长的钢针进去，抽出骨髓拿去做化验，血液科里基本上每个人都做过。

我听她这么一说，想起自己第一次做"骨穿"的情景来。

"麻药会有点疼，忍着点。"女医生刚说完，果然就有一股不可描述的肿胀感应声而来，接着她便开始按摩那块骨头，越按我感觉越坚硬，心里开始打鼓：这么硬的一块骨头，要插一根针进去那得多疼啊！

我弓着身体望着里侧的墙壁一动也不动，虽然看不到她的操作过程，却明显能感觉到对方仿佛拿着一把螺丝刀往骨头缝里不停地钻，像要把一根铁钉打进岩石里去。紧接着高潮便来了——没有任何的通知，从头发丝到脚心猝不及防地一激灵，骨髓被抽走了，我仿佛魂儿也丢了。

那种感觉很奇特，远大于单纯的疼痛，当下再来一次谁也不会愿意。好在"骨穿"不是每天都做，身体的忘性也大，等到下一次，那一刹那连脚掌都急剧蜷缩的感觉已经有点模糊了。

可眼前这个女孩，从针头插进去的那一刻她便开始号起来。她块头不比一般的男生小，她妈妈就有点不好意思了，可也不好说些什么，只能在一旁默默地看着医生。

我问她："有那么疼吗？嗷嗷叫的。"

"怎么不疼，我毕竟也是个女孩子嘛。"她换了个更舒服的姿势玩手机。

我白了她一眼，随手剥了根香蕉递给她。

她和我站在一起的时候，个头只稍稍比我矮一点。我问她多高，她回答一米七三，又说是体育生，在学校里面扔铅球。

我说扔铅球的女孩不是一般都很胖吗？她四肢都瘦瘦的，看起来不像。

被夸瘦她非但不领情，还反呛我不懂体育、跟我说了也是白说。

我们有一句没一句地聊着天，她的男朋友进来了，事实上，可能称"未婚夫"更合适。

她妈妈有事回家，离开了几天，接下来便都是她男朋友，哦不，未婚夫照顾她。

我偷偷问她："你几岁了？"本来想叫声"姐姐"显得更礼貌一点，还好没叫。

"十六啊。"她云淡风轻地说。

我的嘴张得跟姚晨微笑时一般大，简直可以吞下一颗咸鸭蛋。

"怎么？你以为都跟你一样一把年纪也没个女朋友……"

我："……"

我招谁惹谁了我……

后来她才给我慢慢讲了她男朋友的事。他们都是湖北通山人，她初中毕业后便辍了学，男朋友比她大四岁，也没念高中，在家跟着父亲学装修，有稳定的收入。本来婚事都定下来了，双方父母商量着先结婚摆酒席，等年龄到了再拿结婚证（农村这样的事比比皆是），可她却突然检查出了白血病。听起来跟狗血肥皂剧似的，可却是活生生的生活。

事发突然，一切都陷入焦灼。花季少女突染恶疾，任谁也接受不了，她把自己关在房间里，不吃不喝，也不见任何人。

"那不得饿死啊！"我打岔。

"你傻啊，房间里有零食呢。"

"那还把自己关起来干吗？"我质疑。

这次她没有立刻回答，歪着头想了想："可能是觉得既然得了电视剧里的病，那也理所应当得学着女主角矫情矫情吧……唉，我也不懂，反正就那么做了，怎么地吧。"她有点生气了。

我笑起来，头一次觉得她有那么一点像女的。

因为正是这样的年纪啊，所以无论做出什么出格的事情都不奇怪。

她瞪了我一眼，接着讲故事。

好在她是幸运的，虽然身体被病魔折磨，可男友却对她不离不弃。还不仅仅是男朋友，就连男朋友的父母也似乎认准了她是未来唯一的儿媳妇一样，拿出了十万块钱给她看病，说等她病好了，两人再结婚。

虽然对于白血病而言，十万块确实是杯水车薪，可听到这里，不只是我，整个病房的人都震惊了。

这里面一定有阴谋。

"你们那一片不会只有你一个女生吧？"我再次打断她。

"不，挺多的，"她也再次否认，"可像我这么美的，还真找不出几个。"

"哎哟喂！你是做骨穿的时候不小心把脑子给切了吧。"

"呵呵！"她剧烈地冷笑起来，"单身狗就是见不得人好。"

我："……"

她的故事里我所知道的部分到这里便结束了，接下来无非就是看病、治病，与大多数人一样，无可奈何地在家与武汉之间往返。

几天后，她要出院了。她出院的那天早上，我问她："这么早便辍学了，同龄人都有的体会你没有，不觉得可惜吗？"

"有什么好可惜的，我最讨厌的就是上学了。"她看也不看我一眼，认真地描着眉毛。

"你真是傻！"我直想戳她脑门，"你要是再忍耐几年到了大学，就知道有多自在了。"

"自在？我现在也挺自在的啊。"

"那不一样。"至于到底哪里不一样，我也说不清楚。

"我有男朋友，你有吗？"她开始砌墙一样地往脸上补粉。

"我！不！要！"我气急。

"对了，你化妆没事吗？"我像是突然想起了什么，问道。

"没事，我问过医生了。"

等她脸上的妆画完，戴上假发，她男朋友也办完手续回来了。我惊讶地看着站在我眼前的姑娘，身材高挑，偌大的病号服换成了棉布长裙，神采飞扬，全身都散发着一种只属于青春时代的"I don't care"，仿佛什么都不能打倒她。此时的她，特别的十六岁。

我看着她笑起来："你可能真的是你们那一片最漂亮的女孩了，等病好了，就嫁给他吧。"她男朋友站在边上脸一阵红，害羞地摸着后脑勺。到底还是个小孩子呢。

她倒是大方得多："那当然，还骗你不成。"

"对了，希望我下次来医院的时候再也见不到你。"她笑着开口，表情是青春的张扬。

我虽知道自己肯定不是引发医学奇迹的那个人，却也还是答应了下来。

"嗯，你也是。"我说。

那之后我便真的再也没有见过她，虽然时不时又记起，却发现自己根本不知道她的名字。是有听护士叫过，可那陌生的三个字却仿佛她羞赧的男朋友一般，始终不愿展露真实的面目来，时间一久，干脆什么都忘了。

没有名字的姑娘，就称"那个女孩"好了。

❧

"那个女孩"离开之后，我也开始了第二次化疗，本以为和上次一样，在床上待九十六个小时便能出院的，可情况却稍稍不同了。

在我打完化疗药物的当天中午，医生便通知我爸，让他去门诊照着处方买一种新药回来。这种他们口中的进口药有个奇怪的名字，叫"美罗华"。那时候我还不知这其中的经济负担，直到我爸回来，我一问，便沉默了下来。

那一段时间，总是会有新的挫折让我黯淡下来，生活突然处处是挑战。

这六支针剂一般大小的药物，价值人民币两万多块，至于每个人所需的药量，是根据身高体重计算出来的。那时我思忖着，我要是再瘦一点、矮一点就好了，说不定可以省下几千块钱。下午护士便用生理盐水配了药，又拿来一大堆仪器，帮我接上了输液。

我对我爸说："你去问问医生，看是不是以后都要用这种药……"

那时候我心里还抱着一种侥幸。没办法，如此算下来，我一个疗程的化疗费用得接近四万块钱，而后期的治疗费还尚不可知，实属高昂。

"没什么好问的，医生说怎么来我们照办就是。"他似乎早就已经知道了答案，含糊其辞只是为了让我心里稍微好受一点。

我便不再说什么，翻了个身只想睡过去。

其间医生也过来询问了我几次有没有哪里不舒服，我"嗯嗯啊啊"，明明有一肚子的疑问，却始终无法开口向他求证进口药的事。

可进口药不愧是进口药，贵还量少，深刻地体现了"浓缩就是精华"这一特性，不过几个钟头而已，输液便结束了。护士再次问我，有没有哪里不舒服，我摇摇头，只觉得有两万多块钱在我的血液里川流不息。

晚上睡觉时，进口药的"精华"之处才更明显地体现了出来。我感觉身体被等级森严地划分成一块一块，每一块肌肉都蛮不讲理地疼起来。睡觉翻身，需要用胳膊稍微借力，不让身体上的皮肤有机会蹭到床垫，然后再缓缓地躺下去。

那一晚，我疼得睡不着，越睡不着越想翻身找到合适的姿势睡着，于是那一整晚我都像是被人下达了慢动作指令一般，小心翼翼地辗转反侧。

第二天醒来，保洁阿姨已经开始打扫病房了，我爸下楼买早餐去了。

等他回来，我看着清淡的鸡蛋羹，一时间食欲全无，又看看一旁担忧的父母，还是忍着恶心把它吃完了。这一吃不要紧，吃完后我便开始头晕眼花，上吐下泻。

我爸惊呆了，赶忙把医生叫过来。我趴在床上，一动也不想动，嘴里重重地喘着气，满脸是汗，像条翻白眼的鱼。

吐完之后我就舒服多了，头晕的现象比刚才好了不少，就是身上还是疼。医生告诉我第一次注射这种药的人都这样，我闭着眼睛，心想，这才是化疗呢。

好在这药效来得猛，去得也快，下午身体的痛感便没有那么明显了，也开始有点儿食欲。我吃了点水果，隔天便办理了出院。

后来我想，如果我早一年生病，家里的形势恐怕不会如此严峻。出院后，我无处可去，还是在我哥家住了下来。在我生病之前，我哥家一直是空空如也，因为一个人住，他从来不在家里吃饭，晚上经常加班到深夜，睡一觉又匆匆离开，因此房子可以说是闲置的状态。在我大二的上学期他还给了我家里的钥匙，说周末可以带朋友过去玩。

可 2016 年的春节过完，情况开始不同。原本在外谋生计的小叔和小婶，可能是厌倦了常年的辛苦漂泊，希望能待在儿子身边，能在武汉安身立命。就在我生病的前一个星期，他们还在考虑到底要做点什么小生意，好应付生活。之后一切急转直下，这件事便被搁置了下来。

我爸与小叔的感情尤其好，多年来两人都在经济与精神上相互扶持，这次我生病，小叔便顺理成章地成了他这段时间里触手可及的支柱。可时间一长，他似乎也渐渐明白，一直这样把小叔拴在身边是不道德的，无论如何都说不过去。像是下了莫大的决心，那次在我们出院回家之后，他便开始规劝小叔应该开始工作了，毕竟他们也需要生活。

小叔勉强答应了下来，这样我们的心里也好受一些。可一切总是不像想象中那么圆满，回家的第二天晚上，我便发烧了。

其实，第一次化疗结束在家休养的时候，我也发过烧。不知是不是因为个人体质问题，每次注射完"升白针"，我的体温都会异常偏高。（癌症病人结束一个阶段的化疗后，身体里的白细胞偏低，医生会建议出院后注射升白针。）我把这个现象告知主治医生，他留心了，这次化疗结束，他便给我注射了长效的"升白针"，每次只需打一针就够了，价格也从一百多升至两千多，还跟超市打折似的，买一支送一支。

也就是这两支长效的升白针，不知接下来长达十几天的发烧是不是拜它所赐。

我一发烧我爸又慌乱了起来，想着先去社区医院打吊瓶，可门诊的医生一听说我的情况，便笑着婉拒了，这便成了压死骆驼的最后那根稻草。

"他们都怕啊！知道你情况严重，都不敢乱用药呢。"他一边抹眼泪一边喃喃自语，我和我妈跟在身后，都不知道该说些什么好。

当时已经下午六点多，等我们联系了教授，风尘仆仆地赶往同济医院，天已经黑了下来。住院部没有多余的床位，我们便在主治医生的指示下挂了急诊。急诊部灯火通明，虽不热闹倒也不至于冷清，大家隔一个坐一个，在走廊外的长椅上打吊瓶，偶尔能听见小孩子的哭声从看不见的地方传过来。

给我看病的是位年轻的女医生，可能长期接诊的都是感冒咳嗽这类病症，当我把病历交到她手上时，她明显震惊地打量了我一眼，这一眼让我非常受伤。我在血液科待久了，身边都是身患绝症的人，大家一样吃吃喝喝看电视玩手机，一度让我误以为这不是一件值得大惊小怪的事。

我从医生手里拿回病历，便出去做皮试打吊瓶。等输液接上，一看时间都八点多了，窗外伸手不见五指，想到爸妈忙活到现在，我便催他们出去吃饭，自己一个人老老实实地输液。

坐在我对面的是个高中生模样的女生，她右手打着吊针，左手玩手机。我看看她又看看其他人，发现大家都在玩手机。我想他们真幸运，即便是生病，也只是感冒发烧之类无关痛痒的小病，吊两天水又能回归原来的生活。于是我也从口袋里掏出手机来，可我一点也不想玩手机，我只想看起来和他们一样罢了。

但我又想，做戏得做全套，于是又假装吸吸鼻子，好让自己看起来真的只是感冒了。做完这件事，我谨慎地抬起头来，才发现根本没有人在注意我，大家都低头玩手机，我感觉自己无聊又好笑，就笑了起来。

刚好我妈回来了，见我笑，也不问为什么，便跟着我笑了起来。

她递给我一个橘子，想帮我剥开，被我拒绝。她说道："知道你现在肯定不想吃饭，吃点水果吧。"

我吃着我妈递过来的橘子，有时候看看不远处的陌生人，有时候又望着天花板发呆，陌生的面孔来了又走，等我打完吊瓶，已经晚上十点多了。

我爸在医院边上找了一家六十块钱两张床的招待所，便牵着我走过去。我虽然体温比他高，手却意外地凉，他的手掌厚厚的，牵着我的时候有种格外踏实的触感。夜深了，医院里人流渐少，空气里的风凉凉的，我这才意识到自己裹着一件冬日里的黑棉袄，入夏已经很久了，我却还是觉得冷，一路都打着寒战，控制不住地发抖。

我想我再怎么装，也不可能跟他们一样，可不一样也没关系了，我只想快点钻进被窝里，骨头都在打架，实在是太冷了。

✿

我们在狭小的招待所里待了一晚上，第二天医院的床位便空了出来。起初我以为住个几天退了烧便可以回去了，没想到一住就是两个礼拜，光是退烧的抗生素就打了一万八千多块，烧却还是不见退下来。

我的另外一个问题是，发烧必做噩梦。住进去那一天下午，我又开始打寒战，身体不可抑止地发抖，说话也是断断续续，语不成句。明明是夏天，可我却冷得直哆嗦。护士帮我加了棉被，我迷迷糊糊地打着战睡了过去。

梦依旧是错综复杂，混沌又不安宁。一会儿是千军万马呼啸着追我，我一边跑一边号，满世界都交织着刺耳的叫声；一会儿又梦到地球人集体失重，大家都像《纪念碑谷》里戴尖帽子的小人，上下左右颠倒着走路……第二天醒来我气喘吁吁，虚汗把被褥湿透了，往四周一看，满世界都是黑暗，我心下一沉，有一瞬间我以为我瞎了，慌忙去摸枕头底下的手机。屏幕亮起来时，我松了一口气，可时间显示是晚上十点二十二分。

打死我也不信，我明明就睡了很久。

我给我爸打电话让他进来，问他我是不是已经把第二天的白天给睡过去了，得到否定的答案后，我还是恍恍惚惚的，不肯相信。我妈从护士站拿来干净的床单和病号服给我换上，我像是刚洗完澡一般，浑身上下都是湿的，可我已经不发抖了。流了汗，体温也降了下来，我挺高兴的，盘算着应该马上就可以出院了，没花上几个钱。结果第二天早上又升了回去，害我白高兴一场。

住我隔壁床的大爷七十多了，年轻时念过大学，退休前是当干部的，平时估计是颐指气使惯了，到医院也不肯消停。

他说话特别爱用祈使句："喂！你，帮我去护士站拿套衣服过来。"

"说你呢，把我水杯递过来！"

同病房的人都不大喜欢他。他因为病症导致腿脚不便，而比他小二十岁的妻子只在送饭时露面，无人陪护，我爸有时便会帮帮他，加上他们两人都爱缅怀过去的事，爱翻旧社会的老黄历，时间一长，我爸竟然成了整个病房里唯一一个愿意和他说话的人。

他妻子我见过，讲究，礼数周到，笑容可掬，看样子是个容易亲近的人。武汉的气温一直反复无常，连着下过几天雨，空气阴冷潮湿，她每次出现在医院，肩上都披一件偌大的披肩，有时候是红色，有时候是橘色，大多是热烈明快的颜色，一周以内绝不重样。

我偷偷打量着他们，表面不动声色，心里的揣测却如同病房里的大多数人一般不怀好意。她太年轻了，至少对于白发苍苍、行动迟缓的他而言，大大越过了多数人的道德标准。人们总是会对超出常理的事情好奇，大街上，倘若一位四十岁的先生与一位二十出头的妙龄女子挽手而过，也免不了要受旁人的猜忌，年轻人尚且如此，更不必提老年人了。

他妻子第一次给他送完午饭回去后，他便对我爸坦白了。

我爸说："您老伴很年轻呢。"这其中毫无戏谑的成分。

他也如实相告："这是后来又讨的一个老婆。第一个老婆走得早，三十多的时候就不在了。"

"噢，"我爸有点惋惜，继而又问，"那您有几个孩子？"

得到的回答是："四个。前面的老婆生了三个，两个大的是儿子，一个女儿，现在的老婆又生了一个，最小的女儿。"

我听完之后大舒一口气。在我心中婚姻是一定要遵循先来后到的原则，要不就从一而终，要不就正式地结束一段关系，再寻觅新的人生伴侣。不知是不是因为他们明媒正娶，底子干净，理由正当——妻子离世，儿女年幼，我对他盛气凌人的傲慢开始不那么抵触了。

他口中的四个孩子，在他入院之后，断断续续地，其中有三个来看过他。

最先来的是老大，挑了一个周末带着孩子一起过来的，小孩子很可爱，剪一颗蓬松的蘑菇头，安静地坐在床边的椅子上背古诗给爷爷听。爷爷也很高兴，时不时摸摸孩子的头，平日里的霸道倏地冷却下来，让他看起来像一位真正的老者。

这时，他妻子在后面的水槽削完水果出来，给大儿子递了一个梨，这一幕突然使我紧张起来，也许因为她是后妈的关系。

好在接下来的一切都十分平和。大儿子是个沉默寡言的人，他安静地吃完水果，又接过继母递过来的纸巾擦了擦嘴，临走时还一并带走了护士拿过来的缴费单。

整段时间里他只说了一句话："姨，这些日子要辛苦您了。"

与大哥不同，二儿子进门的时候，见到她便叫了一声"妈"。他穿着一件灰色的连帽衫，三十多岁的模样，继母过门时，他应该还很小。他放下手里的水果，拿起床边的开水瓶去水房打水，回来时往父亲的杯子里倒了一杯，没有倒得太满。他将杯盖放在一旁，就开始陪父亲说话。

老爷子显然还是担心他的个人问题，催促他快些结婚，他只是笑笑，倒是一旁的继母帮起腔来。

"孩子自有分寸，要你操心？你安心养病配合医生的治疗才是关键，也是你的任务。"

"有分寸能现在还讨不到老婆？再过个几年都要四十了，那时候还有谁跟你？"老爷子喝了一口水说道。

"年轻人的事你懂个鬼啊，瞎掺和。"

他们还在说些什么，我因为太困已无心听了，翻身睡了过去。醒来后二儿子已经走了，那位阿姨偷偷地向我妈打听我们那一片有没有适龄的单身女孩，要给二儿子说媒。

我突然有点动容，"可怜天下父母心"这句老生常谈，听多了虽然烦人，可事实却不假。孩子们渐渐大了，有了自己的生活，可是做父母的，却一刻也没能松懈过。他们像是捆绑在风筝上的线，儿女在自己的天空越飞越高，他们的牵挂也日渐绵长，还得小心翼翼地，唯恐被发现。

我的父母又何尝不是如此。我发烧的这两个礼拜，他们也是寝食难安，爸爸每天去教授的办公室问询，妈妈在我身边寸步不离，好在最后的结果是好的，我的烧如愿退了下来，被批准出院。

期间隔壁床爷爷的小女儿也来过了，就在小女儿离开后的几天里，他整日满目愁容，好似换了一个人一般，叹气的时间也多了。

直到我出院的那一天，病房里也不曾再出现过一个探视他的身影。

我是后来才知道，他一直在等他的三女儿。他当年有点强迫的意味，让他的三女儿嫁了一个自己不喜欢的人，日子过得不如意，没几年便离了婚。从此三女儿便和他断绝了往来，两人已经有好几年不曾见过面。

这次住院，他一面忧心，一面又觉得冰释前嫌的时机到了，可他每日等啊等，三女儿却迟迟不肯出现。他好面子，这些话一直没跟家里人说，倒是跟我爸说了个痛快。

我听完之后挺矛盾的。总有人跟你说，"他们是你的父母，做什么都是为你好"，可他们毕竟是从过去过来的人，他们真的懂得当下年轻人的需要吗？不见得吧，他们最多只能按照自己的喜好，去揣测你的生活，这种爱很可能是善意的，却还是让人不舒服。

我首先是一个独立的人，其次才是你的子女。这种话说一千遍，父母可能也不会懂，懂了他们也不愿接受。

我看着我爸，想跟他说些什么，最后还是不了了之了。

也是由于我临时发烧的缘故，小叔原定的行程又耽搁了下来。他们因为我哥的际遇，如今的日子虽已是吃穿不愁，可两人都觉得年纪尚轻，才五十出头，有手有脚的，就全凭儿子养活坐享其成，传出去唯恐落了别人笑柄，也加重了自家孩子的负担。于是小叔决定外出谋生，小婶留下照顾我哥的生活起居。

小叔先前也是在河北开包子铺的。自从我姐与姐夫结婚之后，在他们的摸索下，慢慢地，家里的大人们都不约而同地走了这条道路。与我爸半路出家不同，小叔干这行已十年有余，起早贪黑惯了，自然是吃得了苦的。这两年儿子发展得不错，家里的经济负担一下子减轻了不少，再加上小婶的身体一向不太好，干不得重活，他便决定另谋生路，做点轻松的事，把工作重心从河北转移到了武汉。

可武汉毕竟是大都市，不仅本钱得多，风险也大，他一时又找不到合适的领域一头扎进去，想在此安身立命实在是难，于是便一直那么漂着。我的生病彻底打乱了一家人的阵脚，小叔停止寻觅合适的店铺，每天在汉口的医院与武昌的家之间往返。

没有了收入，手头也日渐紧促，小叔便准备跟随小婶娘家的亲戚去杭州铺地板，吃住都在工地。据那头说，每个月都能有一万以上的进账，就是累点。

小叔欣然决定前往，让我给他买好票，却被我这一次猝不及防的发烧断了去路。

也是因为之前谁也没有这样的经历，只是听医生说："严重的肺部感染可能会危及生命，平时尽量少出门，少和外人接触。"

我问："肺部感染最明显的症状是什么呢？"

医生："发烧。"

于是发烧顺理成章地成了化疗过后最让人介怀的敌人。

我依旧跟随父母借住在小叔家。小叔待我自然是没话说，小时候过年父母不回家，有其他小孩子笑话我，我眼泪巴巴地跑回家，他便背着我上街去买好吃的烤肉串和新衣服。

而小婶不同，她和我爸之间的芥蒂从来就不曾消除过，与我奶奶也不睦。我高中那一年，她和我爷爷奶奶吵架，我当时想也没想就站在了奶奶这一边，那是我们唯一的一次撕破脸。虽然事后一切都在时间的推动下假装被原谅，可我知道其实什么都没有过去。

我们就这么相安无事地生活着，连谈起话来都是礼貌的疏离。我知道时间久了，她一定会对我们寄居此地颇有微词，可我总觉得来日方长，眼下我显然有更紧要的事情需要担心。

学校那边一拖再拖，实在没有办法，在我出院的时候，我爸如实向辅导员说明了情况。我的辅导员是个女孩儿，大不了我几岁，生得娇小玲珑，脾气却很大，她不是那种会和学生们打成一片的辅导员，她有她的严苛。正是如此，班上有一部分同学不太喜欢她，在背地里像讨厌高中班主任一样给她起不怀好意的绰号。

辅导员听完我爸的话后沉默下来，她安慰了我爸几句，说会组织学生为我募捐，希望我能安心养病，便挂了电话。

我的心也一下子悬了起来，终于到这一步了。从确诊的那一刻起，我便忧心忡忡，不知道要怎样将这个消息告诉我身边的同学和疏于联系的朋友。我不想隐瞒什么，因为时间久了，他们一定会知道。我只是有点羞耻，而具体到底是因为年纪轻轻就身染恶疾，还是因为需要向他们分享一个并不愉快的消息，我也说不上来。想到辅导员有可能站在讲台上向大家说明情况的场景，想到台下的同学们一脸惊惧，我便难过了起来。

在我尚未确诊以前，我和室友是保持联系的。有人听闻我刚做完肿瘤切除的手术，急切地问："是良性的吧？一定是良性的！"

那时一切尚未尘埃落定，我刚从重症监护室出来，感受到一种劫后重生的喜悦，心情晴朗而愉快。

"嗯，是良性的。"我想了想医生那句"脾脏上百分之九十都是良性"的经验之谈，删除了已经编辑好的"应该"。

后来诊断结果下来，我关闭了所有的社交网站，拒绝和外界联系，直到我爸将事实详细地告诉了我的辅导员。

回家后，等我再次打开QQ和微信，同学的问候如雪片一般纷至沓来。我一个一个地回复，嘴上说着"谢谢关心，我会好好的，害你担心了"，心里却愈发惶恐不安。我本来是他们中的一员的，现在却孤身一人站在了他们的对立面，那一刻我有一种强烈的感觉——我再也回不到原来的生活了。

来信里有我一位朝夕相处的室友，我们平日里是饭搭子，课堂上也永远是挨着坐的，看到优质美剧和搞笑视频也会相互"安利"，是损起嘴来一针见血的关系。他语无伦次地说了很多话，语气却是暗淡的。我看完那篇数百字的留言，在电脑的这一端沉默了下来，一时间不知该说些什么好，就那样枯坐着，打不起一点精神。

最后他告诉我，他会按照辅导员的指示，在网上帮我做众筹。我道过谢，便匆匆说了再见，几乎是落荒而逃。

把这个消息通过老师告诉班上其余的四十个同学已经让我觉得心力交瘁，我还没有做好准备，将它通过网络让所有熟悉或是陌生的人知道。我只是怕，觉得自己马上要沦为笑柄。

我爸一开始是不同意的，他毕竟是个老派的人，有他自己恪守的传统。他担心这件事曝光之后，对我将来娶妻生子会有极大的影响。在他看来，没有一个正常的女性会愿意和得过癌症的人结婚。而且现在农村里单身男孩的基数过大，娶个媳妇本身就不容易，何况是我这样"有过缺陷"的人。

　　我由衷地佩服我爸。在我生死未卜，前路不可知的境况之下，他居然还有心力张开想象的翅膀，索引至未来的婚姻状况。

　　可我对结婚这件事基本上无感，甚至是抗拒的。我理想的生活是一个人孤独终老，可能晚景凄凉，只能被人在廉价的公寓里发现我已经发臭的尸体，但我有这样的准备。

　　几年前在我爸妈的一次例行争吵里，我就告诉过他们，我是不会结婚的。我爷爷听到之后，骂我是神经病，差点就要像我小时候一样冲上来揍我。

　　"别人都结婚你为什么不结？"爷爷质问我。

　　"别人都结婚我就要结吗？"那时候我还小，见过的世界、接触的人也非常少，可已经通过"阅读"有了一套从别的作者那里整合得来的世界观，开始知道少数服从多数是不对的，人有权利选择自己想要的生活。

　　"别人都结你当然要结，不然你就是有神经病。"

　　我气急，却也不想跟他多费唇舌。

　　现在，我又把这番话原封不动地照搬给了我爸，一通争吵过后，也没个结果，谁也无法说服谁。

"我快死了你知道吗？我就快死了，死人哪里能结婚？"我平静地对他说。

然后他的脸就在我面前蔫了下来，方才的气焰一扫而空，他像着了魔一样地反复呢喃："你不要这样讲……你不要这样讲……我一定会医好你……"

他想过来抱住我，被我推开了。我看着他痛苦的样子，心里一阵快慰，可等争吵过后体内的怒气冷却下来，长久的负疚几乎要贯穿我。我是想要和他道歉的，可一贯的相处模式让我拉不下脸来，我们无法像电视剧里一般，爱与恨都能表达得自如。

让他做我的爸爸，真是辛苦他了。

没过多久，可能考虑到当务之急是医药费，他竟然妥协了，不再多说什么。

吃完晚饭，我们一起去楼下散步。他突然牵起我的手来，我有点不好意思，四下张望。十年前，他牵着我的手我们从家里走到车站，那一次我用力地记住了他手掌的触感。那时我就惊叹他的手掌怎么那么厚，今天也是。

月色温凉如水，夏天的风吹在身上十分舒服。他拿起手中的外衣披在我身上，嘱咐道："别感冒了。"

我一边穿一边看着迎面而来的一个和我差不多大的男孩，他穿着白色的T恤，袖子撸到了肩膀，牛仔裤只到膝盖，走过我身侧的时候下意识地瞥了我一眼，我也看他，我猜他一定不知道他现在的生活有多美好。

我爸继续牵着我往前走，突然开口说道："不久之后你就跟他一样了。"

我愉快地笑了起来。我会跟他一样吗？我自己也不清楚。

"哪里，我现在就比他帅。"我嘴硬说道。

说完便听见我爸笑了起来。

❈

网上众筹的事算是定了下来，没过几天，室友告诉我他已经将文案写完了，问我什么时候正式发布，我说再等几天吧，不着急。在我心里，能拖一天是一天。那时我才结束第二次化疗，正在家休养，好不容易得空休息下来，不太愿意去面对接下来可能会纷至沓来的惊愕与关怀。

事实上，我在家也没有待上几日，等第三次化疗开始，我便在微信上联系了他。他将众筹信息发布在班级群里，方便大家转发。就在我将它放置在 QQ 空间之后，没过几秒，电话便响了起来。害怕直面大家的惊惧，我还特地事先关闭了评论。

来电的是我的高中同学，在看似平淡无奇的青春岁月里，我们做过时间不长不短的同桌。我不知该如何开口，最后还是没有接听，直接挂断了电话。

又给他编辑了一条短信，大意是：我没事，不用担心。抱歉了，不想接电话，等我好了我会联系你的。他也表示理解，寒暄了几句后，我便关闭了手机。

接下来的几天里，我都不太敢上社交网站，有时候偷偷上去看一眼，便感觉触目惊心——我"患癌"的消息几乎已经刷屏了。

好友更新的状态下面是陌生的评论：

"这是你朋友？唉，年纪轻轻的，真可怜。"

又或是："这是真的还是假的，现在靠这种消息骗钱的人太多了，搞得我都不敢相信了。"

我放下手机躺在床上，开始思考这一次依靠朋友圈的网络募捐到底是不是对的。在绝大多数信任已经被透支的今天，素昧平生的陌生人，凭什么因为寥寥数语，就给予我他们辛苦赚来的血汗钱。

有那么一个瞬间，我惊觉自己仿佛嗜血的蚊蝇，硬生生地，连招呼也不打，便在活人身上肆意吸出一口新鲜的汁液来。我看看我爸，他正兴致勃勃地看着中央电视台上了无生气的综艺节目，对网络上的声音一无所知，我扯了扯被子，翻个身睡了过去。

第二天，便陆续有朋友来探病了。

第一批造访的朋友，是我的初中同学。我戴好口罩和帽子，好让自己看起来礼貌些。虽然同是在武汉念大学，高中也大多是在天门那块不大不小的市区里，可初中毕业以后，确实有好多年没联系过了。

老同学相见，聊的大多是过去的事，那些当时稀松平常的故事，在此刻就仿佛是蒙上灰尘的旧礼盒，抹开尘土的那一刻，每个人的心都倏然晴朗起来。

男生大多没有什么变化，与记忆里的印象相去无几。女生就不一样了，初中年代里灰头土脸剪个刘海儿都觉得叛逆的小丫头们，此时一个比一个像妖精，脸上不知道有没有化过妆，反正看起来很白。

"你们以前不是这样的啊！"好不容易认出她们，我惊呼。

"我们还老是那样？"大伙都笑了起来，整个病房都洋溢着欢乐的气息，一时间青春无俩。

笑声很大，穿透厚实的墙壁，很快便把门口的保安招了过来，驱逐他们离开。

已经摇身一变成为女神的宋宋，印象中假小子的及耳头发如今已经贴背。她穿着一件白色的蕾丝连衣裙，轻盈地走向保安大叔，及至眼前，又温柔地一笑，将贴着左侧脸颊的头发轻轻地撩向耳后，这才开口：

"叔叔，我们最后拍一张照片就走，就一张。"她将手指摆成"1"的手势竖在嘴唇前，表情是柔弱的哀求。

"快点啊，别打扰其他病人休息。"说完保安大叔便走了出去。

病房里打趣的"嘘"声一片，宋宋一脸得意走过来和我合影。

我问她："为什么要用左手撩头发，你是左撇子吗？"

她扑哧一笑，偷偷在我耳边说："我左脸比较好看。"

"好苛刻。"我啧啧称奇。

"好好养病，早点康复。下次一起去露营！"

我们微笑着作别。他们一离开，病房再度沉寂下来，我看着桌上堆积如山的水果，才确认方才的确是真实的。身体坐久了感觉很累，我就躺了下来，迷迷糊糊地睡了过去。

往后又陆陆续续地来了很多人，有我们家的亲戚朋友，也有我的同学，他们多是一脸的惋惜，看得我有点自责。至于胖丁他们，在我第一次化疗开始的那一天便来过了，他们很不幸地成了我的依靠，像我的家人一样。

连着几天忙着应付前来探病的人，渐渐地，我感觉很累了。有一天，QQ上突然收到了洞洞的消息。

"你在哪个病房？我在医院外面。"她问。

我报出病房号，又问道："你不是在广州吗？"前一段时间我看到过她在朋友圈发送的动态。

"刚好有点事回武汉，顺便来看看你。"

"嗯，好的。"我回复。

洞洞和记忆里一模一样，可能是因为她是我高中同学的关系，失联的日子没有太久，也有可能是因为高中时她的打扮就已经……不老土，给我的感觉是我们仿佛前不久才见过。

我和洞洞其实算不上要好，我对她之所以印象深刻，是因为高中的时候，隔壁班的一个女生曾经疯狂地追求过她。

怎么形容那个女生呢？最直观的感受大概只有一个字：帅！是一种连大多数男生都望尘莫及的帅。当然，不包括我……

她留着男生的短发，鬓角推得平整而锐利，可又偏偏长了一副女生清秀的五官，看起来清爽沉静，整个人有种矛盾的俊美。

我第一次见她是她来我们班找洞洞，问我洞洞在不在。

第二次见她是我晚自习上完厕所，走上楼梯，走廊上的人熙熙攘攘，她和洞洞倚着栏杆接吻。我假装目不斜视、心无旁骛地走过去，却恨不得余光能转弯。

那时，我已经从同学口中知道她是女生了。

她似乎是一个丝毫不在意别人目光的人。课间、午休、晚自习，每次看见她，她都仿佛无尾熊一样挂在洞洞身上，没一会儿，便去贴合洞洞的嘴唇。洞洞时常会躲开，她也不勉强，可是下一次，她还是会这样。

没过多久，她们的事被她母亲知道了。她的母亲来学校找洞洞，要洞洞离开她，说她们这样是没有结果的。洞洞什么也不说，在校长办公室里望着墙上大胡子的马克思沉默。

后来她辗转知晓，回家自然是大闹一场。第二天来学校，看似坚强的她抱着洞洞哭了起来，洞洞还是什么也不说，轻轻地拍着她的背安抚她。她们大概从来没有说过喜欢与爱之类的字眼，可能以为彼此都能懂。

高一的夏天来临的时候，洞洞交了她人生里的第一个男朋友。

没过多久，那个男生便在回家的路上被打了，随后与洞洞分了手。

从那时起，她再也没有联系过洞洞。高二开学不久，挽着她的手走在校园林荫道上的，是更为青涩顺从的学妹。

直到最后，洞洞也没有向她最好的朋友说出"我喜欢男生"这句话。

此刻，洞洞就坐在我的床边，为我们一人剥了一根香蕉。

"我可以不起来吗？"这几天太累了，我如实交代。

"当然了，你想睡到天花板上都行。"洞洞笑了起来，露出左侧的一颗虎牙。

我们没话找话地乱说一通，却还是止不住片刻的沉默。

洞洞离开之后，我一下子想起了她高中的许多事情来。

那时我们并不熟，她有时会在QQ上找我聊天。

"我跟我男朋友分手了。"她说。

"为什么？"我问。其实我不太好奇。

"不知道，就是看他不爽，想找人打他。"

"打男朋友吗？"我愕然。

"嗯。他太娘了，而且特别不讲卫生，他们寝室里的人说他几天都不洗澡的。"

"啊！你说夏天吗？那还不得臭死。"

"哈哈，就是夏天！"

转眼间，又是夏天了。

那几日，来医院里探病的朋友络绎不绝，总是刚送走一拨，下一拨又接踵而来。不在武汉的朋友呢，打不通我的电话，便转而在微信上鼓励我。印象最深刻的是阳妈，她是我高中的第一个朋友。

彼时已是她大三的下半学期，忙碌无着的实习即将拉开序幕。她跟我说她叔叔在广州做淘宝卖衣服，做得红红火火，过年的时候开回了一辆路虎，特别酷，于是她也心动了，踌躇满志。

"今年过年我开路虎去包养你。"语气依旧是学生时代的天真落拓，满嘴跑火车。

"好啊。"我也笑了起来，那时我尚且不知自己能不能活到过年。

事实证明她最后还是食言了。过年的时候她完全忘了我，一个人跑去了严寒而美丽的漠河，在冰天雪地里全副武装堆雪人。

我看着她朋友圈热闹的小视频笑，心想可能是没有开上路虎的缘由。

不过那都是后话了。

时间再次退回夏季。每天早上起床或是晚上临睡前，我都会看看网络上的募捐状况，潮水般的加油打气扑面而来。我有点惊讶于陌生人的力量，他们留下的鼓励，对我的病症本身没有过多的帮助，可那一段时间，我确实感觉到自己被莫大的善意与爱包围着，心下一片温暖。有太多的过来人告诫我社会和现实残酷，我始终半信半疑。可如同小马过河一般，那些角角落落里积聚起来的美与善良，无形中为我开辟出一条道路来。

我感激每一个素昧平生的人给予我的帮助，尽管我们募捐的结果与"目标金额"相去甚远。同一时间，学校里老师为我组织的募捐也收效甚微。

辅导员联系我时甚至语带抱歉，说挺不好意思的，学校里没为我募集到多少钱。

我连忙制止她，心里一阵内疚——明明不对的人是我才对。

有一天，我吃完饭照例在病房外的走廊上散步消食，听到隔壁病房里传来动静。走近一看，一碗面条趴在地上，汤汁四溢，旁边是一脸无奈地拿着扫帚收拾着的父亲，和病床上脸色铁青的儿子，看样子和我差不多大，我爸一问才知道他小我一岁。

其实我对这个男孩早有耳闻，可亲眼见到本人还是第一次。确切地说几乎整个血液科都知道他，原因是他对医护人员的嘱托置若罔闻，对父母蛮横无理，这在整个血液内科的病友中口耳相传。

"又发脾气了？"我爸拍拍那位叔叔的肩膀。

"没办法，管不了他。"说完他叹了口气，又去杂物室拿拖把拖地。

我们也不多逗留，继续散步，往走廊尽头的窗口走去。

"现在看来看去，这血液内科里的小孩子，还是你最听话。"他的语气听起来很欣慰，有种松一口气的感觉，我没理他。

"听话"并不是什么褒奖，至少我这么认为。我想着那个男孩，他跟我一样戴着口罩，以至于我看不清他的脸，可隔着病房的玻璃，我也能感受到他无端的愤怒。奇怪的是，我却能理解他，甚至全然不愿意像大多数无关紧要的人那样去责怪他。

病魔让人发狂。

我只是想，也许他曾经也是安静平和的人，只是时过境迁，身不由己罢了。生病让人虚弱，却也总是能把人最暴烈的一面调动出来，让周遭的人也跟着一并痛苦。后来过了很久我才明白，他那些看起来自私透顶的行径，都不是坏，不是为了泄愤，是希望你能袖手旁观，好好回到自己的生活，是爱与负疚。

我爸又接着说："这几天有不少的叔叔打电话来，说如果要借钱，就跟他们说，不要客气。不管以后会不会找别人借钱，这话听了心里舒服。这医院里，亲兄弟都不管不顾的还少吗？"

听他说完，我也挺高兴的。主动打电话来说借钱的，多半是我爸的发小，他们的小孩又都是我的发小，这种奇特的纽带，有一瞬间可能让我们觉得自己不是真的孤身一人。

而人在医院的那一段时间，即便是虚假的安慰也能带来些许的力量。

那几天里，我照例起身迎接来探病的同学，多半都是聊聊过去的事，至于那些得到消息远道而来的叔叔阿姨们，便是我爸在负责打交道。我们疲惫又忙碌，桌上的水果堆积如山，鲜花败了又开，一拨又一拨的人面带遗憾走进病房，最后又悄无声息地离开。多数时候是我睡着了。生病之后我似乎变得格外嗜睡，醒来床畔已空无一人，偶尔是我爸打瞌睡的身影，摇摇晃晃的，就是不肯趴下。

我又心疼又好笑，心里突然没来由地一阵轻松。我知道自己一直在等待这件事过去，像是脑海中有一块橡皮擦，一下子擦去所有人的记忆，我一边等着大家忘记，一边想着，在不久后的某一天，躺在病床上的人也一定会安然地接纳自己。

没过几天，网上众筹的情况逐渐冷却下来，亲朋好友们都尽了自己的一份力，可款项也实在是少得可怜。我和皮蛋每天在贴吧、微博等陌生人聚集的地方宣传，心里其实有点抗拒，总感觉病人躺在床上却还拿着手机为钱算计，实在有点不好看。可医院又的确是花钱如流水的地方，我不得不为日后的治疗早做打算。

既然已经发起了众筹，当然是希望尽可能地减少家庭的负担。再加上我得知皮蛋的室友们和高中同学珂姑娘一直在努力着，心里实在感动，所以直到众筹结束的那一天，我都还在刷微博抢热评，虽然依旧毫无起色，但至少觉得还在做着些什么。

好在很快这件事便被大家忘记了，像是微博热搜上的娱乐八卦，一时惊诧喟叹，时日一长，还是该干吗干吗。我有点开心于人们的忘性，生病本来就是一件该独自面对的事，我甚至还能带着朋友们给予的温暖一同上路，何其幸运。

出院后，QQ上有朋友问我："这几天还好吗？"

我一看，是高中时交集不太多的上铺，阳光帅气的男孩子，抽烟打球的那种。

"很好呢，现在已经回家了。家人都在身边，好得很，不用担心。"

"那就好，好好休息，一定会好起来的。"

"嗯，好的。"

会好起来吗？我放下手机想着。但心里却不怎么害怕，也许是"好不了"的那一天尚未迫在眉睫。在我看来，死亡一定是井然有序的，医生得漠然地走进病房——不过还是要看个人性格，也许略带悲悯也不一定——然后手持 iPad 翻翻病历，眉头便皱起来，"你没得救了，回去吧。"他的脸还要像电影里那样扭曲起来，旋成一个旋涡，才算完。

只要医生还没下达最后通牒，我大部分时间都有股奇特的自信，感觉自己的病情明朗又普通，是屡见不鲜的案例。

总之，就是盲目地觉得自己能活下去。

我看着手机里电影《怦然心动》的壁纸，不一会儿，屏幕便黑了下去。

✤

等到我第三次化疗结束，我爸的情绪明显平复了很多，他已经可以将我的病暂时放到一边，开始思考我康复之后我们一家三口的出路。

"河北我们是肯定不会回去了，到时候我们就在武汉找点事做，一家三口以后永远都要在一起。"

他算得上是不折不扣的行动派，有了想法之后，我出院休养的那几天，他就开始在武汉走街串巷。他不会用手机地图，一大早吃完早餐，我便依照他给出的地名罗列出公交路线与换乘。几天下来，他大致有了目标。

某天晚饭时，他告诉我们："在武汉做生意的话，继续卖小笼包是不行了。一是武汉不比北方，一日三餐都吃包子，再就是武汉人嘴叼得很，实在不好做。"

我们听他的语气，都以为他要放弃了，谁知他夹了一筷子卷心菜，突然话锋一转，说道："可我觉得卖菜还不错，你看楼下小区那几家卖菜的，生意都好得很呢。三块钱一斤的青椒，你知道去'白沙洲大市场'批发多少钱一斤吗……"

"批发？你拿什么去批发？你又没驾照，又不会开车……你批发总得有辆面包车吧？"我问道。

"呃！对了！"他突然高兴起来，"这就是问题的关键。我观察了一下，每一家做蔬菜生意的，门前都停着一辆面包车……"

"所以你想回去考驾照？"我再次打断他。

"在武汉，无论你想做什么生意，你都得有辆车。"

听他说完，我便不再说话。之后就是小叔、小婶、我妈几个人围绕当下的情形以及开车的利弊来反驳他。我内心对他的决定没有多少抗拒，他能够从我生病的阴影里走出来思考生活里其他的事情，而不至于每天被"癌症"折磨得提心吊胆，对我而言已是莫大的安慰。无论他多大的年纪，在我这里，我都希望他生活的重心里永远有他自己的一席之地。

后来过了很久我才明白，只要是我没有明确反对过的决定，他都会义无反顾地去做。

立场相悖最明显的人是小婶，现在想想，似乎只要是我爸的提议，她一定会反对，我不清楚他们之间有过怎样的芥蒂，可十几年确实都是这么过来的。

而通常情况下，她都不会直接反击我爸，我看得出来，她有点忌惮他，所以总是怂恿我："你说都五十多岁的人了，还学什么车啊。你小叔以前想学车我都没同意过的，这走在路上要是撞到谁，可不是一点钱就能够解决的。"

我讪讪地笑，心里却并没有太把她的话当一回事。

"是啊，我也这么觉得。可他那人您又不是不知道，倔得很。"

在小婶面前，我总是言不由衷。

而对小叔，我总是能像真正面对家人一般直言不讳。小叔也不同意我爸去学车，他的理由更人情世故一些："你说我们才刚刚在网上做完众筹，虽然没多少钱吧，但认识的人基本都捐了。现在你爸回去学车，让村子里的人怎么看？有几个他这个年纪学车的？别人一看，他还比别人过得好，别人要怎么想……"

我很开心小叔将自己也划进来，称为"我们"，可是依旧很不能理解他的理由。

"所以我们以后一辈子在人前肉都不能吃了吗？"我反问，要是小婶这么说我肯定点头称是了。

小叔不说话。

我接着说："为什么要那么在意别人怎么看，我们过好自己的生活就可以了。而且众筹的时候也写得很清楚，是为下一阶段的治疗筹集资金。"

这话听起来不近人情，甚至有点"过河拆桥"。

小叔一向待我好，他脾性温和，不似我爸那般暴烈，自然没有与我过多地争辩。

至于我妈那边，对于我爸的决定，她永远处于没有话语权的弱势，她的意见也就被排除在外了。她自然也是不同意的。

尽管家里人想法高度不统一，一个周二的早晨，我爸还是坐上了回老家天门的动车，开始为驾考做准备。

几天之后，小叔因为着实囊中羞涩，还是行程照旧，跟随小婶的娘家人去了杭州的工地贴瓷砖。哥哥依旧每日早出晚归，极少回家，周末也不例外。原本热热闹闹的家一下子清冷下来，而我也是在这种孤寂里，开始看懂一些平日里隐藏在热闹之下的东西。

我的妈妈实在是一个很孤单的人。以前我不信命运，可那时就发觉她可能是劳碌命。爸爸和小叔离开之后，妈妈开始一个人照料我的生活起居。事实上，从始至终都是她一个人，只是现在，除了我，小婶也由她安置。

每天早上，她在客厅的那张沙发上第一个醒来，还不敢直接做早餐，怕我们起迟了会冷掉，于是她就去洗衣服。洗完衣服要是我还没起她就等，一个人坐在沙发上，什么事情也不做。她没有手机，于是看起来总是一个人发着呆。好在那时是夏天，亮得早，不然她就得一个人坐在黑暗里，等着她的孩子起床。

等我吃完早餐，小婶大概也起来了，她便又开始为小婶做早餐。小婶与我爸有着同样的毛病，都对饭菜极其挑剔。

"你下次炒菜的时候，可以少放一点盐，炒青菜其实不放盐都是可以的，盐吃多了不好。"

"用电饭锅做饭的时候，得多放一点水，不然消化会不好。"

"西红柿炒鸡蛋不要放糖，谁爱吃放糖的西红柿炒鸡蛋……"

等到她做完早餐，我回房休息，小婶拿着手机美滋滋地看《乡村爱情》，她又要开始拖地了。有时候我走出房间喝水，发现她已经做完了家务，静静地靠着沙发坐着。有温暖的阳光照射在客厅后的阳台上，极目远眺，外面的世界精彩纷呈。可她就那么坐着，看起来无所依。

我走过去，蹲下来问她："妈，你要看电视吗？"

她微微一笑，点了点头。

客厅里是一台网络电视，她不会播放，我教过她，她还是不会。我帮她调好，就听见了小婶和老家的妇女们聊微信的笑声。

我默默地走进房间，突然难过极了。

在我小时候，大概三四岁的光景，妈妈是极其时髦的女子。虽然记忆已有点模糊，可我依稀能想起，每天出门前她都要仔细地扑粉描眉，再将我放进自行车后座的椅子里。家里的鞋架上堆满那时候流行的厚底高跟鞋，我长大后无意中看到萧亚轩的一张老照片，脚上的鞋正是我儿时再熟悉不过的那种。她比其他小孩的妈妈都要美，都爱追赶潮流，她明明是花一样明艳的女子啊！

我不禁妄自联想，在离开我的这十几年里，她到底发生了什么。

是什么，让她变成了一个妇人？

可我不敢往下想，往下的世界深不见底。

我只是想起了一个关于爸爸的小插曲。在我住院的时候，有一天，我们一起下楼做检查，路过老住院部的时候，发现了一排自动贩卖机，里面放置着各种好看的小果汁和酸奶。

我停下脚步驻足观看，我爸站在我旁边，我就说："我要买个酸奶。"

于是他开始掏钱包，给了我一张十元的纸币，问我："够吗？"

可是我只看见了硬币的投币口，便武断地说："好像只能投硬币呢。"我其实不想喝酸奶，只是想试试自动贩卖机罢了，我从没用过它。

于是我爸开始找硬币，可是他翻遍钱包，也找不到一枚硬币。

"算了吧，我不要了，我们走吧。"我说。

"找别人换换就有了。"他坚持，试图去叫住经过的路人。

我拉住他，又仔细地看了看，才发现了纸币的投入口。

我们拿着那包冰冷的酸奶上楼，我的内心火热地翻滚着，有种奇妙的感受在那一瞬间甚至让我对这个世界刮目相看。这和我童年的经历太不一样了，小时候我和爷爷奶奶上街，我如果在街上指着一样东西要买，是会被打的。我愉快地想，我要是能跟着他一起长大，应该会很幸福吧。

那时候，只觉得他是天底下最好的父亲。

爸爸回家后，一边学车，照旧如我的学生时代一般，每日都会给我打电话，开头总是："吃了吗？"

这样一来，时间久了往往招致我厌烦，我便反讥："你没有其他的话说吗？'吃了没'无非就是吃了或没吃，没吃你也不能端碗饭站到我面前来。"

他也不在意，笑着说些别的，我们就结束了通话。第二天，那通电话还是会如期而至。

也许是由于生病的缘故，我对他有着诸多亏欠，所以在他回家考驾照的那段日子里，我没有无故漏接过他的任何一通电话。有时候洗完澡回房间发现有未接来电，也会及时地回拨过去，照例回答他那些"今天吃的什么？"的提问。

十几年来，他总是对于我"今天吃了什么"格外关心。一想也是，他给不了触手可及的温暖，于是只能嘱咐我吃点好的，不要舍不得花钱，方才放心下来。

我在外科大楼做完手术后瘦了十斤，体重是一百一十斤上下，他痛心疾首，发誓要把我掉下去的那十斤肉补回来。我却不以为然，甚至有点满意，站在医院洗手间里的镜子对面，看着消瘦的下巴，心里分明是开心的，不害臊地觉得自己穿件白衬衫就是《请回答》里的阿泽了。

从那天起，我爸爸为了那十斤肉可谓殚精竭虑。第一次出院回家调养，他便去菜市场给我杀了一只鸡炖汤喝。天知道我有多不爱喝汤，吃泡面我都从来不喝汤，何况是鸡汤？好在我妈妈口味包容，基本没有她不爱吃的东西，那锅鸡汤才不至于浪费。

见我不爱鸡汤，他也不死心，又从鱼肉上下工夫："你每天都得吃一顿肉，不然身体怎么吃得消……"

没过几天，奶奶来武汉看我，拎着一只活鸡过了地铁的安检，我至今不知她是如何办到的。还好鸡也足够配合，在人潮汹涌的地铁站里，一声也没叫过。奶奶不养鸡已经好多年，这只吃谷物长大的纯种土鸡也是她颇费周折辗转买到的。

奶奶问我："好吃吗？"

"好吃。"我微笑着点头，坚决不肯再吃第二碗。

吃了几天的大荤，我爸觉得我体重应该要上来了，饭后散步恰巧路过一家药店，他便要我上秤称称，我踏上去，指针依旧在"55千克"的位置摇摇晃晃。

我爸大惊："这秤肯定坏了。"

于是他亲自站上去，七十五公斤，虽然比我生病之前足足掉了二十斤，可是没错。他痛定思痛，觉得至少食补的大方向是正确的，但重在持之以恒。

从那天起，我开始了漫长的吃肉生涯，直到他回家，也依旧会打电话监督我。

每天傍晚，吃完饭，我都会同我妈一块儿去楼下散步消食。天气已经热了起来，暑气难当，可我依旧戴着口罩和帽子，小心翼翼地，与周围的夏意格格不入。有时经过人多的地方，我会心虚一般摘下口罩，假装若无其事地向前走去。我妈就跟在我后面一点，拿着街上派发的那种印着妇科广告的小扇子，帮我驱赶着可能会趁机咬我的蚊子。

我们走累了，便在小区底下的长椅上坐下来，她手里的扇子依然面向我摇动着，也不知到底是想驱蚊还是消暑。

"你扇你自己，别扇我。"我对她说，语气不是特别好，我有点不喜欢她一天到晚跟在我身后。

有时我说想下楼一个人走走，她也会锁了门跟下来。我想摆脱她，便故意在前面走得很快，可她还是锲而不舍，怕我不喜欢又刻意保留出一段距离远远地跟着。我回过头去看她，于心不忍，最后还是停下来等她。

"晚上蚊子多。"她讪讪地一笑，将扇子移向别处。可不一会儿，等我回过神来，发现她又对着我扇了起来。

我叹了口气，便不再制止她。

等到太阳落到大厦的深处，天空与大地逐渐变得昏黄而哀伤，我们便回家去。

家里空无一人，小婶最近迷上了跳广场舞，跟小区里一帮带孩子的阿姨打得火热，总是夜深了才回。

洗完澡，我回房间里睡觉，我妈便在沙发上铺好床铺，也不看电视，第二天醒来照样围着我忙碌，等着我起床。

"今天吃什么菜？"我走出房间她就笑着问我。

"都可以。"

小婶还在睡觉，她一醒过来，便打开电视调到广场舞的频道，跟着舞蹈老师跳了起来，一刻也耽误不得。

我问我妈："你想跳吗？"

小婶听见我们的对话也接腔："来啊，一起跳，跳这个对身体可有好处了。"

小婶每做一件事，都不会只对外宣称是兴趣爱好那么简单，仿佛怕谁质疑她似的，一定要升华成收益才站得住脚跟。她爱跳广场舞，可在年轻人眼里，这并不是时髦的，它扰民又烦人，于是它得是"有益身体健康的"；她吃青菜不放盐，其他人都爱吃放盐的，于是"盐吃多了不利于身体健康"的论断也被堂而皇之地传递开来。

总之，她的兴趣爱好与生活习惯，一定要包上一件"健康养生"的外衣才肯示众，似乎这样才具备意义和价值。

我望向我妈，她笑着摆了摆头："我不爱跳这个，我哪有时间跳这个……"

我也不勉强她，内心却特别希望她也能拥有自己的热爱，可以像一个寻常的妇人一样去体会生活里庸常之外的快乐，而不是每天流连于厨房与地板，在儿子与丈夫之间辛勤劳作。

可这样一想，我又沉默了下来。她哪里能做平凡的妇人，她的小孩身染恶疾，她的丈夫对她也总是呼来喝去。她的命运，她从来都做不了主。

《请回答 1988》里说，"偶尔会有觉得妈妈丢人的时候，觉得妈妈为什么没有最低的体面和自尊心，有时候会很生气。可那是因为比起自己她还有更想守护的更珍贵的东西。"

我看了我妈一会儿，在她身侧坐了下来。客厅里音乐大作，依旧是嘈杂乱耳，屏幕上质朴的舞蹈老师教授着简陋的动作，我妈安静地靠在沙发上，顺着她的目光看过去，小婶的背影生硬却一丝不苟。

我坐在她身旁，假装没有发现她的手脚其实跟着音乐与画面跃跃欲试。

第七章

嗺嗺阿姨

周一，与教授预约好床位重回医院。因为爸爸回家的关系，一系列繁杂的手续便都落在了我头上。上楼下楼，盖章缴费，各处奔忙。偶然遇见熟脸孔的病友，我妈就上去热络地打招呼，听不见也能支支吾吾地敷衍过去。我很想告诉她，其实可以假装没看见走过去的，最后还是作罢。

这些日子的相处，让我逐渐了解到出门在外的她是个爱同人讲话聊天的人，即便这有可能会暴露她耳朵不好的问题。她似乎也迫切地希望同外界交流，像九月一号开学的小孩子一般，想要和周围的同龄人打成一片。

有时候我看着她和隔壁病房的病友家属聊着一些好笑的事或道听途说来的八卦，心里总会莫名其妙地烦躁起来。她眼神发着光，嘴角稍稍咧开一个弧度准备着，果不其然，对方才讲完，下一秒她便大笑起来，全然是一个市井妇女。

我当然不讨厌市井妇女，可我的妈妈不是这样的。

至少在我的想象中，她不应该如此。

她一定是爱笑的，可永远只是淡然而恬静地微笑。毫无疑问，她绝对具备小学课本里描述的温柔与贤良的优点，还有着一双"温暖的手掌"。当隔壁家的女人向她讲人坏话时，她只是配合着笑笑，心里却不为所动……

可以说我这么多年来，苦心孤诣为她刻画的形象，在与她不到半年的相处里，一寸一寸地被瓦解掉了。我不愤怒，也不伤心，一种更为叵测的无可奈何，逐渐地渗透我。

好在她依旧是勤劳的，勤劳向来都是值得被歌颂的品德。我们办理完入院手续，来到分配好的病房，上一个病人刚走，护士还来不及撤换床铺，她便主动去护士站取了干净的床单被褥，将这份活揽了下来。

我心中那点枯萎的希望又慢慢地鲜活过来——看吧，她依旧是一个勤劳善良的母亲——她依旧与众不同。

她让我躺在床上休息，自己又去水房给开水瓶灌满了水，等所有的物品都归置整齐，她才在我身侧的椅子上坐下来。

隔壁床的阿姨见她忙完，方才开口问道："这么热的天，赶过来挺累的吧。"

我看看她，她肯定是没有听清的，只是安静地笑着。这似乎是我在想象里为她度身定制的笑容，此刻却将我刺得生疼。

"嗯，还好，不是太热。"我连忙替她回答。

接下来对方还问了些什么，我也一一作答，实在是针对她的问题，我便又复述一遍，她再回答。我相信如果对方将这一切看在眼里，她会明白我的妈妈耳朵不是特别好。

我偷偷地打量着隔壁床的阿姨，好在她似乎没有其他的问题，专心玩手机去了，我这才放下心来。人一松弛，很容易困倦，我径直睡了过去。醒来的时候已经下午五点，日光西斜，给洗手池后的窗棂涂上了温和的淡黄色，我妈恰巧买完晚饭进门，看见我，便笑起来："时间正好，吃饭吧。"

我们两人安静地吃着饭，隔壁床的阿姨也凑了过来："吃什么呢？"

我这才有机会近距离地打量起她。生病让她消瘦又枯黄，脸颊稍稍地凹陷下去，头发乱蓬蓬地生在脑后，虽是病态十足，但仍不难看出她大概四十出头的年纪。

我妈没有回答她，把菜往她面前挪了挪，事实上也不用回答她，那两盘菜她尽收眼底。

"要吃吗？"我妈问。这应该是一种礼貌的客套，我猜。

"这空心菜看起来蛮好吃的。"她答非所问，顺便把脸颊旁的乱发胡乱地拢到耳后。

"嗯，夏天就吃得下点青菜，你尝尝？"说完她便开始替阿姨找筷子，可我们一人一双没有多余的。

于是阿姨欢天喜地去她的柜子里拿来了筷子。

"嗯,好吃。"她看起来很满足,"在哪儿炒的?我让我老公也去你那儿炒。"

等我们吃完饭,她老公也回来了,胖胖的,笑起来十分憨厚。他分了我们母子两根香蕉,听妻子说起刚刚吃了我们的空心菜,又多给了一个香瓜。这一来二往,我们便和他们夫妻俩熟识起来。

医院里的病友素来都是萍水相逢,我不知道阿姨的名字,就叫她嗲嗲阿姨好了。

是的,阿姨有点嗲,平时还好,尤其和她老公讲话时更甚,看起来恩爱十足。

阿姨是恩施人,与林志玲台湾式的柔软嗲相比,嗲嗲阿姨的嗲更硬朗一些,且更具地方特色。

"老~公。"她这样叫的时候,两个字之间总是会有稍稍的停顿。

"我们今天吃什么?"

"看你想吃什么。"她老公回答。

于是她便陷入沉思,面对"今天要吃什么",她总是要想很久。

她又转过头问我吃的什么,我老实交代,她便恍然大悟:"噢!那个光是听起来就很好吃。"

她时常让我想起日剧里的女生,讲话一惊一乍,吃到了好吃的食物,会发出惊讶的声音赞叹一番,一脸满足,再接着将它们吃完。

等她吃完午饭，歌唱的时间又到了。午饭结束后，距离午休还遥远，她就拿出手机跟着原唱唱足一小时，有时候她心情不好，就只唱半小时。

歌唱多半是以《火火的姑娘》开始，以《又见山里红》收尾。我们病房里的男女老少有的看电视，有的看她。她也不怯场，一首接一首地唱下去，中途她老公劝她喝口水她也不愿意，直到她唱完全部想唱的歌曲之后，才将桌子上她老公新换的温水喝掉一半，时间点卡得恰到好处。

有一天，她老公不在，我看见她一边哼歌一边吃冰激凌就大惊："我们还是不要吃冰激凌吧。"

"我们"指的是"我们生病的人"。不知不觉中，我也将自己从正常人的范畴里脱离出来。虽然没有科学解释说癌症患者化疗期间不能吃冰激凌，可忌口还是病人的职责。

她微微一笑："嘘！我老公也不让我吃。"说完便将食指压在嘴唇上让我保密。

我点点头，又问："谁给你买的？"

"喏，"她指指墙壁，"让隔壁的病人家属帮忙带的，跟他说了好久呢。"

我就不再说话，偷偷舔了舔嘴唇。时值盛夏，我也是好久没吃过冰激凌了。

等她老公回来，她早已将一切打点干净，隔老远便亲切地喊："老～公。"

她老公就又憨厚地笑起来。

我也笑了，心想不愧是恩施林志玲。

❧

某天中午，我从走廊转了一圈回到病房，发现嗲嗲阿姨居然在化妆。她胖胖的老公认真地帮她举着一面小镜子，她就对着那巴掌大小的区域仔细地描眉扑粉，嘴唇抿得紧紧的，看起来一丝不苟。

我好奇地坐在她床边看她化妆，她看看我，又看看镜子，忙得不可开交，最后扑哧一声笑了出来："要阿姨帮你画吗？"

我连忙起身往床上躲，避之不及。

我妈也笑了起来，打趣道："画这么美，要去开演唱会？"

嗲嗲阿姨也不恼火，对着镜子咧嘴一笑，等到整妆完毕，才开心地说："今天我妹妹要过来。"

我妈恍然大悟地点了点头，表示明白。嗲嗲阿姨也没多提她妹妹的事，对我妈说："姐，等孩子好了，你也要多化妆，你看你多漂亮，不化妆太可惜了。"

我妈微微一笑，她不愿多说的时候总爱这么笑。

"你还可以学学跳舞……不过唱歌最好不过了，你平时都爱唱什么歌？"

"《年轻的朋友来相会》。"我妈如实作答。这首歌我私底下听她哼过无数遍，大多数时候都是她洗衣服洗得一手泡沫之时。

嗲嗲阿姨可能是没料到年代竟会如此久远，她先是一愣，随即放声大笑起来，整个病房里都充斥着她爽朗的笑声。

"姐，你奥特啦！"我猜她想说的应该是"out"。"你得跟上形势唱流行歌曲。"

见我妈只是笑而不语，她又拿出手机翻出了不少证明自己时髦的流行歌曲，大多是凤凰传奇唱的城乡接合部重金属。我看着我妈，她乐呵呵地盯着手机屏幕，一首一首地仔细聆听，我心里挺替她高兴的，她也有朋友，有陪她说话的人了。

正这样想着，突然，熟悉的音乐前奏打乱了我的思绪，我拼命地回忆歌名，终于在第一句唱出来之前想了起来，惊讶得从床上坐了起来。

"阿姨，您还听《Faded》？"

"那当然，"她看起来骄傲极了，"这首歌配广场舞可棒了。"

"……"

说完她也不管沉默的我，又去跟我妈"安利"流行金曲了，嘴里还说着"你看年轻人就是什么都知道，特时髦"。

她们一起听了几首歌，她的妹妹便来了。她妹妹留着一头栗色的长卷发，身上的连衣裙是很奇怪的颜色，介于卡其色与棕色之间，有种秋季的萧条，让我想起我们家的旧床单来。我想偷偷告诉我妈这个发现，又怕被别人听见了不礼貌，于是便住嘴了。只见她一手拎着米色的皮包，一手拎着果篮，步伐稳健落拓，脚上的高跟鞋在地上叩得生疼，看起来三十出头的模样。

"这大的篮子，得花不少钱吧？"嗲嗲阿姨吃惊地问。

妹妹不语，只是轻轻地一笑，从进房间以来眼神便没有离开过嗲嗲阿姨。

她们聊着些亲热的家常和亲戚间的轶事，多半都是嗲嗲阿姨提问，她妹妹老实地回答。她不像姐姐，反而像一位唠叨的母亲。我玩着手机，也没太注意听，那些话语七零八落左一句右一句地跑进我的耳朵，直到她妹妹起身，我才发现她妹妹哭了起来。

虽说这层楼的患者基本都是癌症无疑，可我却甚少看见人哭泣，大家都仿佛只当伤风感冒对待，安之若素，平日里也都是乐呵呵的。

我有点愧疚，刚刚不该把她的裙子和我家的旧床单联系在一起的。

嗲嗲阿姨一边笑着安慰妹妹，一边轻轻地拥抱她。直到妹妹离开，她的笑容才肯平复下来，我这才得以有机会见到她稍显悲观的样子。

她撇下床边的老公，独自走到洗手池边洗了把脸，回来时已恢复了平日里的乐活。

我妈说："你妹妹很漂亮啊，是个大美女。"

她也不谦虚，比夸她自己还高兴："可不是吗？姐，你是没见她小时候的模样，哎呀，那好看的啊……"说完她又自顾自地叹了口气，"就是可惜了，三十多了，还不想结婚。"

"条件好还愁结不了婚？瞎操心。"我妈宽慰道。

"姐你是不知道，条件好有啥用，挑得很。这几年我差不多给她张罗了十几次相亲，没一个看得对眼的。你问她，'你到底喜欢什么样的啊？'她也说不出来，说什么'看缘分吧'。你说缘分这东西又说不准，上哪儿找去，你等不来缘分还打算一辈子不结婚不成？"

"年轻人嘛，都这样。现在不比我们那时候，女孩子事业心也重。"

"唉，都怪这该死的事业心！"

我默默地听她们说着，心里却挺佩服那位三十多岁却不着急结婚的姐姐。她一定承受着来自社会各方面的压力，也许和父母日常的电话说不了几句便被催婚，去朋友聚会也因为插不进育儿经的讨论而无法融入。他们也许是善良的，可仍旧会不遗余力地举着"爱你"的大旗逼迫你，同化你。

我时常想，第一个决定以契约关系让男女双方共同组建家庭的人，他当时到底面对着怎样的处境，怀抱着何种目的，才确立了这样的基础，并逐渐在日后的岁月里使这一主张根深蒂固。

好在人尚且有得选择，依旧可以逆流而上去实现自我。

这样一看，生病也未尝不是一件好事。那些平日里牵绊住人的东西，金钱、名利、社交、婚姻甚至是梦想，在对身体痊愈的急切渴望面前，通通变得渺小起来，这时的人多么纯粹！可一旦康复，重返社会，又得去争、去比、去用力地生活。

　　医院与外头是实实在在的两个世界，住在医院里头的人，都心如止水。

　　我妈还在和嗲嗲阿姨说着，可已经不说她妹妹了。她似乎兴致颇高，都没有注意到她老公低着头正走过病房门口模糊的旧玻璃。

❖

　　说起嗲嗲阿姨的老公，单看面相就觉得是个和善的人，脸圆圆的，一头乌黑的短发，笑起来给人憨厚的感觉。他独自照料着嗲嗲阿姨的生活起居，又给人一种任劳任怨的好印象。这听起来没什么，可病人毕竟与常人有异，时常会有特殊情况。单是阴晴不定的情绪以及和先前判若两人的坏脾气一般人就很难受得了了，再加上老是得起夜照顾着打吊瓶，时间一长，家属也免不了颇有微词。

　　老话说，"久病床前无孝子"，不是没有道理的。

　　好在嗲嗲阿姨的老公实在寡言，有时候病人午休了，家属们便大都聚集在导医台外边的大厅里，说说各自的艰辛，交换一下辛苦，彼此宽慰。可即便是这种时候，嗲嗲阿姨的老公也都是不开口的，他像一尊雕塑，只在适当的时候应和着人群笑一下，便再无更多的反应。

控诉得最激烈的，还是血液内科里那位"远近闻名"的孩子的父亲。这是他的主场，其他的老公和爸爸听他一说，顿时觉得自己方才的抱怨可真是丢人现眼。

"医生说了，最好不吃辣的，他不听啊。每顿饭都得有一道辣菜，不然就不吃饭。你要是再敢多说一句，就一句噢，他就拿起手里的饭朝你扔过来。

"我跟他说了多少次了，房间里还住着其他人，不要闹。有时候这句话有点效果，他不闹了，躺下来睡，也不理我。后来护士进门打针，他干脆针都不打了……"

其他人啧啧称奇，有多嘴的女人看不惯，说道："真不像话！像我们家人知道自己生病花钱多，心里亏欠得不得了……"

也有人安慰道："孩子嘛，生病了心里总是不舒服，多担待点吧。"

大多数人都只是安静地听，然后偷偷松一口气，庆幸至少没摊上这么不懂事的孩子，心有余悸地回到病房继续端茶送水，这样便能支撑一些日子。一旦感觉快要承受不了，就再去大厅里听那位叔叔讲讲自家儿子的不是，心里又平衡了。

可我猜嗒嗒阿姨的老公不是这样的，至少我有一次参与"大厅座谈会"的时候，无意中瞥到他看起来并没有多么如释重负。他似乎只是因为这里恰好有椅子才选择出现的，等到午休结束，走廊上的灯渐次亮起，他便又退回病房，看不出在想着什么。

可我却擅自觉得，他一定也是有怨言的，只是善良惯了，一时改不过来。

嗲嗲阿姨在中年妇女里算是"可爱"的，可"可爱之人"或多或少都会有点"可恨之处"，嗲嗲阿姨自然也不例外。

中午，嗲嗲阿姨打开手机看电视剧，正片之前穿插了六十秒的广告，她看到肯德基的甜筒可爱诱人，便央她老公去买两只上来，她一只，我一只。我先是一惊，而后一股暖意漫上心头——吃甜筒居然还想得到我，可最后还是摆手谢绝。

她老公这次也不说什么，径直下楼去了，过了很久才回来。等到他满头大汗地进门，手里果真拿着两只甜筒，已经化掉了，软塌塌地滴了下来。

他递了一只给嗲嗲阿姨，另一只却不太好意思递给我，我看到滴落在他手上的甜筒，稍稍有点心疼。我仿佛看到了他四下寻找肯德基的全过程：他站在人行横道前等待，等到绿灯亮起，穿过马路，才发现对面根本没有他所要寻找的店铺；他可能和我爸一样，不会使用手机地图，于是他只能凭感觉接着往下走，往年轻人多的地方走；日头不肯放过他，他汗流浃背，才问起过路的男孩，一路恍惚地到达目的地。

我看着他手里那只黏糊糊的甜筒和他有点抱歉的脸，一直无法开口索要。直到嗲嗲阿姨吃完一只又开始吃第二只，我才松了一口气，至少他的付出没有被浪掷。

等嗲嗲阿姨吃好了，输上液开始午休，她的老公才肯走出病房。我妈也许是操劳过度格外嗜睡，我因为没有午休的习惯，觉得病人反正闲，什么时候都能睡，于是把床铺让给了她，跟在嗲嗲阿姨老公身后走了出去。

他走到步梯口才舍得停下来，拿出一支烟准备抽，回头看到我，又收了起来。

我在他边上坐下，说："没事，你抽吧。"

他淡淡地一笑，又从旁边拿了些硬纸板帮我垫上，说："地上凉。"

我们就那么坐在那里，他似乎是一个习惯沉默的人，一言不发。我虽然平时也不是太开朗，但显然不如他从容，总觉得得说点什么好打破尴尬。

"你每天这样，累不累？"我可能是有了他帮我买过一支甜筒的情分，一时口无遮拦起来。才出口，便惊觉自己问了个蠢问题。

好在他不在意，过了一会儿才回答我，依旧口气温和。

"她以前不是这样的。"

我看看他，他就笑了起来，眼神里是一种"你还小，不会懂"的善良。

之后我就乖乖地没有再提问，倒是他主动问了我很多学校里的事，我想他可能是想孩子了吧，便认真地一一作答。后来我们又一起去听了大厅里的"座谈会"。等到午休结束，医生开始上班，才回到病房。

晚饭嗲嗲阿姨说想喝三鲜汤，可等她老公买了上来，她打开乳白色的塑料袋闻了一下，突然眉头一皱，又央她老公马上拿走，说不喝三鲜汤了，想吃点米饭。我妈就说，那你和我们一起吃吧，刚好医院里的送餐人员还在，可以买一碗。她不依，偏要她老公下楼去买，看着她老公走出病房，我觉得嗲嗲阿姨真是过分。

我妈看了她一眼，半开玩笑地说："你老公天天被你当丫鬟使唤。"

她听完目光便黯淡了下来，头低下去，轻轻地说："也不知道还能使唤几回了。"

我们都沉默下来，埋头吃饭，心里却各有心事。

这几个月里，我总是处处逃避着生与死的话题，仿佛我不提及它，它便会老实地待在原地，不敢擅自找上门来。而我只要遵照医生的指示，配合他的治疗，把一切的烂摊子都推给医生就行。

可嗲嗲阿姨似乎做好了万全的准备。最坏的结果也无非一死，死有什么可怕的，死不过是顺便带走一些美好的东西罢了。

等到她老公买完饭回来，嗲嗲阿姨已神色如常，她吃了一口饭，照例挑剔起其中的不足来。而她无理取闹的样子，仿佛当真时光倒流，鲜活如少女。

两天后，嗲嗲阿姨出院了。从那以后我再也没有见过她，我们治疗的时间似乎总是神奇地错开了。可我依旧想念她与她的老公，想念那只化开的甜筒，以及善良的心灵。

第八章

最初和最后的梦想

每次出院在家休养的那一段时间，我都鲜少出门，一来是抵抗力薄弱害怕感染；二来，则是因为接受自己是病人这一事实后所产生的一种类似自卑的情绪作祟。虽然笃定不久的将来痊愈后我还是能自如地融入社会，可彼时却总爱拿自己当病人看，并害怕路人发现这一点。

最让我深信自己与常人有异的，便是长久地扎根在我右臂侧血管里的那根 PICC 软管。我得感谢它，在我过去的数次化疗中起到了莫大的作用，这种作用是对比出来的——当我看到隔壁床患者的血管被化疗药物侵蚀萎缩只能在双腿上扎针时。

可效用良好的东西往往利弊共存。我同样也不得不承受起它所带来的不便——我不能提重物，手臂抬起的幅度不得超过肩膀，洗澡也是一大难事，常常需要家人的协助。还不止这些，最麻烦的是我必须得每周定时前往医院维护、消毒、置换新的贴膜，像对待新生儿一般对待它，时刻小心翼翼。

这也表示，无论如何，我每周至少都得出一次门。

其实我不是特别爱出门的人，当我更小一点的时候，我时常愿意与朋友出去吃饭唱歌或是看场电影，然后无所事事地顺着陌生的马路漫无目的地一直走下去。后来慢慢地，我还是会和他们出去，但多数时候我都是一个人背着书包逛书店，也不买，就一直走走看看，跟我姐姐买衣服一样。

生病后，一个人待在家里的时间大大增多了，总有人会问我："挺无聊的吧？哪儿也不能去。"这话听起来真可怜。

可我不这么想："不会啊，在家挺好的。"对方往往还会误以为我只是无可奈何处境下的嘴硬罢了。

可一个人待在家真的是很惬意的事情，比夏天里忍着口渴不喝水、直到买到加冰块的汽水还要爽。一个人的时候最适合看书追剧了，可以沉下心来读完一整本《月亮与六便士》，抱着电脑一口气看掉一整季的《唐顿庄园》，或者干脆什么也不干，单纯地发会儿呆都是一种享受。

我不懂一个人怎么会无聊，两个人话不投机才无聊吧。

可我妈似乎也生怕我一个人会寂寥到猝死，走到哪儿都爱跟着我。我说我想一个人去医院做维护，她大惊失色，随即又低落下来："你就这么不喜欢妈妈吗？"

没有办法，我只好让她跟着。

我哥哥的家在武昌，距离汉口的同济医院实在是太远了，我们便选择了更近的街道口广州军区医院做维护。踏上公交车，她给了我两块钱，自己又偷偷地将一块钱的纸币折很多次，浑水摸鱼地扔进投币口。我说过她几次，她笑笑，下一次却还是只拿一块，我就不管她了。

公交车开足了冷气载着我们向医院驶去，车厢里的人越积越多，我偷偷藏好我右侧的手臂，以免被别人看见了大惊小怪，直到进站下车，我才能松下一口气。

军区医院里 PICC 的维护室在地下车库的旁边，我走进去，护士们抬头看我一眼，说："来了？好久没见你了。"

"嗯，前几天在住院。"

她们便开始忙活起来，消毒，静置，换接头，冲盐水……我好奇地看着她们工作，心里一片宁静。只有在她们眼里，我才看不见怜悯，才短暂地觉得自己是个平淡无奇的普通人。

我听见她们讲谁谁谁已经好长一段时间没来了，谁谁谁前几天才拔的管今天却又要穿上去……我安静地听，有时候也会插嘴问一句，她们也都大方地告诉我，我就想，下一次会不会见到谁谁谁呢？

等我道完谢推开门走出去，我妈就坐在门外的塑料椅子上等着我。她照例望着一个固定的方向，不知在想着些什么。等到她看见我，便又换上那副熟悉的笑容。

她的头发有点出油了，可她还来不及清洗。以前她是在家里洗头的，后来就不了。因为有时候她洗完头出来，站在插座旁吹头发，就能看见小婶黑着一张脸旁若无人地经过她，连呼吸都不耐烦起来，小婶虽然什么也不说，但她感受得到。

　　我妈也似乎早就习惯了在屋檐下低头。不就是洗头吗？带上毛巾和洗发水，哪儿都能洗。多数时候她都趁我们在医院的时候洗头，可我们待在家的时间也不短。

　　我问过她："为什么不在家里洗头发？"

　　"你婶子不喜欢，说卫生间里有头发。"说话间她依旧是笑着的。

　　"可她自己不也一样在家洗头发？"我有点生气了。

　　她就不说话了，我也无法为她出头，我是个病人，是个大大的累赘啊。

　　我和她不同，我从来没有一种人在屋檐下的感觉。在我心里，那是我哥哥的家，我和他从小一起长大，比不少亲生的兄弟还要亲，而且大家都清楚，我们不会常住的，等我病好了，我们就回家。于是我擅自地，恬不知耻地，有点儿把它当成了自己的栖身之所——自己的家。

　　我们走出医院，坐上了"回家"的公交车。

　　我说："你投两块吧。"

　　她犹豫了一下，最终还是投了两块钱。

　　我挺高兴的，虽然知道下次她还是只会投一块，可我还是高兴。

等我们到了家，打开门，我在玄关处脱下鞋，我依旧带着真诚的笑容朝屋子里喊：“小婶，我们回来了。”

“回来了。”来人也是笑着的。我知道，我们又要回归一贯的相处模式了。

✖

很快，武汉便迎来了一年当中最热的时期。有时候我站在阳台看过去，远处的天空高远辽阔万里无云，房屋与街道都被迫涂上一抹灼热的金黄，不由得令身处室内的人陡然生出一股庆幸。

小婶是个特别怕热的人，吃过午饭，她洗了自己的碗，就进了我哥的房间里吹空调，房门紧紧地关着，听不出一点声响，可我也知道此时她一定躺在柔软的床垫上看着那部号称“中国版《请回答1988》”的《乡村爱情》。

我妈坐在客厅里吹电风扇，她整个人身体向后躺在沙发上，依旧是一副无所事事的样子。我很想为她找点事情做，她茫然对抗时间的情形总是让我很难过，可我们都被局限在了这一方小小的屋檐下，能做的事情少之又少。

农村里的妇女，客居城市高楼中的小公寓，不出几日新鲜感一过，总是会无所适从。她们得找邻居聊八卦，聊便宜的衣服鞋子，以及隔壁村的奇闻逸事，这些才能让她们生动起来，显然这里满足不了她们。

无论是她还是小婶，这都不是一个可以令她们真正快乐的居所。

我想教她玩智能手机，教她聊"微信"，可她耳朵不好，眼下兴趣也不大，便作罢了。我回到房间，继续追剧看书，心里是隐隐的不定。

医生说过，等我做完六次化疗，需要进行一次自体移植，而我因为病症是四期的关系，右侧股骨头处也有病灶，化疗药物到达不了骨头，所以等以上这些统统就绪，还需要对准股骨头处做精准放疗。我丝毫不敢问他，照他的方案一路执行下去，我到底能不能痊愈，我只是强迫着自己，走一步是一步，尽量不去想不久的将来也许会尘埃落定的那一个结果。

大多数时候我都是乐观的，可"时日不多"的念头还是会偶然冒出来，然后心下一沉，觉得自己得做点什么。我生病之后，有一件事我始终放不下，我没有对任何人说过，因为羞于启齿，可我清楚它对于自己人生的分量。

那件事便是写小说。

我从上大一买电脑的那一天，就开始写小说。可以说，这是我买电脑最主要的目的。我不打游戏，流连网络的时间也不算多，在大一上学期没有专业课的情况下，真正用得到电脑的机会其实特别少。

可我还是让我爸给我买了台电脑，他也不啰唆，可能觉得大学生人手一台，迟早得需要的，痛快地给我打了钱。我以为我的写作之路会一帆风顺，即便稍有挫折，也只是大多数人都会经历的小磨难，等日后功成名就，拿来渲染自己也是一个百折不挠的人，前途一定是光明的，可实际情况却截然不同。

我把我的小说投给以前关注过的《一个》和《最小说》等青少年们喜欢的平台，皆石沉大海。可我那时满腔热血，区区几次退稿根本无法使我消沉下去，于是接二连三地写、投。到最后，我其实已经不太介意稿件是否会被用，仿佛在按下"发送"键的那一刻，我就知道了结果，可乐此不疲地写完它，依旧带给我一种奇特的满足感。

慢慢地，最初的那股想要一鸣惊人的冲劲渐渐退却了，我不再受制于"出名要趁早"的桎梏，想着就算以后参加了工作，也不会放弃写作这件事，也许到时候能"无心插柳柳成荫"也说不准。我为自己把它当作长久的兴趣而快乐，总觉得来日方长，于是写作开始断断续续，对着空白文档抓耳挠腮的时刻越来越少。现在想想，其实那哪儿是什么释然，只是四处碰壁而心灰意冷罢了。

可今时不同往日，我越是觉得时日无多，就越是想留下些什么，想做点什么。不关乎名留青史之类的宏图大志，只是让我赤裸裸地离开，终究有点不甘心。

于是我开始写作自己的第一部长篇小说，主题是童年与留守儿童。这是我高中时代看八月长安的《你好，旧时光》时就萌生过的想法，她在作品中记录了不少儿时与少年时期的琐碎，十分迷人。我曾在课堂上避开老师的目光时下定决心，如果以后要写小说，第一本绝对是成长。

我一边回忆我的童年，一边写下了《流淌的时钟》这个题目。这可真不是什么容易事，姑且不提写作本身所遇到的困难，懒惰已经让我无所适从。我要求不高，默默地督促自己每天写两千字就好，心里盘算着大概三个月可以写完一部长篇小说，到那时，即便人生走到终点，应该也不会有什么遗憾了。

武汉的气温持续升高，没过几天，小婶实在是热得受不了了，说要回老家歇热。恰逢家族里一位小姑姑的女儿考上了大学，要摆升学宴。于是一个平常的周末，哥哥开车载着小婶回去了。问我的意愿，我说不想回去，太麻烦了。其实还是觉得大病未愈，不知如何面对其他人的打探与问询，我妈得照顾我，就跟着一并留了下来。

我顿时感觉一下子轻松了不少，也为我妈松了一口气，至少有一段时间，她做饭的时候不会有人在一旁指手画脚，洗碗拖地也可以按照自己的习惯来。几个月前还人满为患略显逼仄的房子，此时一下子空荡荡起来，从阳台吹往玄关处的风也寂寂无声，可空荡荡有空荡荡的好处。

我和我妈都极少出门，她倒是比我多一点。清晨时分她在客厅里醒过来，夏日里天亮得早，她就下楼去买菜，等到她上了楼，开门换鞋，可能还需要在客厅里独坐一会儿，我才会起床，然后她就开始给我做早餐。我吃得清淡至极，白稀饭与水煮挂面换着来，她怕我吃不下，又摘几片青菜叶子炒给我，同样只有寡淡的油盐调味。我起初也许还自觉绿色健康食之有味，可很快便厌倦了。

有时我不想吃她做的早餐了，就拿着钱包下楼去准备买一碗面，怕她回过头来找不到我担心，总会先知会她一声："我去买碗面条吃。"

她闻声便停下手里正在做的事，换了鞋匆匆跟上来。

"让我自己去吧。"我很想自己一个人百无聊赖地四处转转。

"我也正好想下楼走走。"她不依，脸上依旧是那副有点谄媚的笑容。那副笑容我太熟悉了，可我其实一点也不喜欢。电梯间里萍水相逢的陌生人，久不联系却在大街上偶遇的亲戚……上一秒她还发着愣，下一瞬便换上了那种笑容，我在一旁目睹她转变的全过程，心里有种说不出的感觉，它像一张虚假的面具，紧实地巴在了她的脸上，那种"伸手不打笑脸人"的笑容。

我宁愿她冷酷一点，或者干脆像这个年纪的中年妇女有点脾气，也不愿她总是习惯以这个笑容面对世界，她明明不快乐的。

总之，她最后还是跟着我下楼了。我们两人走出电梯，刚暴露在阳光下，她便撑开了手中的伞，高高地举在了我的头顶。我看着水泥地面上那方不规则的跟着我移动的阴影，气又上来了。

"你遮你自己，不要遮我。"我出门向来没有打伞的习惯，而我也真的只是想一个人走走，没有伞，也没有人。

她不说话，手上的动作也还是没有变，我赌气似的越走越快，很快就走出了那块阴影笼罩的区域，她没有再执意跟上来，故意稍稍地和我留出一段距离。我有点得意，自顾自地往前走，可很快情绪消退下去，我还是叹了口气，停在原地不时地回过头去等她。

❈

我有两样十分害怕的东西。其一是蛇，我始终无法理解觉得蛇可爱的人到底是怎么想的，光是看到它晃荡的躯体与斑斓的花纹，我便毛骨悚然落荒而逃；剩下的一项，就是做检查了。小时候，去稍微大一点的医院看病，闻到走廊里消毒水的味道，觉得天都塌了，害怕得不行，却也不会说出来，就跟在大人的后面默默地走，心里阴郁得厉害。看完病走出医院的大厅，才偷偷舒一口气，体会到一种劫后余生的欣喜，觉得天空从来没这样蓝过。

现在，我又坐在了 PET-CT 检查楼的休息室里，等待着护士推开那扇紧闭着的棕色的门，面无表情地叫到我的名字。得承认，我有点紧张，我悄悄按压左手腕的脉搏，发现跳得没有特别快，可我还是焦灼不堪。

化疗进展过半，得依靠检查评估前期的治疗状况，好及时调整后期的治疗方案。我知道结果无外乎两种情况，好或是不好。化疗效果好，就继续做两次加以巩固，再住进移植舱准备自体移植。可要是不好呢，那我们要怎么办？这不仅意味着前期高昂的治疗费用打了水漂，我更担心医生还有没有更妥帖的治疗方案处理我。

我跟着护士走进观察室测血糖。坐定，摊开手掌，指头被刺破时的痛感只有一瞬，还来不及好好体会便消失不见，但不疼总归是好事。

"接下来我说的话，你要好好听清楚。"她拿起我放在桌边的水杯，这是预约单上规定让我带的。

"待会儿我帮你推完照影剂，你就去后面的休息室休息，在这期间，用你携带的水杯喝两杯水，冷水热水都行，不过最好喝温水，里面有饮水机。坐在里面尽量少走动，少说话，可以上厕所，没问题的。等叫到你的名字，你排空小便之后，再喝一杯水，换上拖鞋去做检查。一共是三杯水，记住了吗？"

我点点头。我已经不是第一次做这项检查了，可关于喝水的交代我已经有点模糊了。

我跟着她走出房间，听从她的指示，在一扇下方有两个小洞的玻璃窗前坐下来，窗口有点像古代赴刑场时扣押囚犯的枷锁。她打开里侧的门走进去，出现在我的对面，然后将双手分别从那两个洞口里伸出来，拿起我左臂上新扎的留置针，推入了照影剂。

"疼吗？"她问。

我摇摇头。

"没事的,检查也不疼,不用紧张。"

我又点了点头,道了谢就往休息室走去。

等我做完检查换了鞋出来,路过一旁的家属休息室,从敞开的门里,一眼就看到了我妈。其他人都低头各自玩着手机,只有她坐在深色的沙发上,望着某一个固定的方向,看不出在想着些什么。好在她很快就发现了我,换上笑容起身走了过来。

"做完了?"她问。

"嗯。"

我们一前一后往病房走去,日头正烈,我拿出手机看了看,下午三点多,正是一天当中最热的时候。老住院部旁有一片巴掌大小的树林,树阴下的长椅上稀稀落落地坐着人,实在困倦难耐的,便躺在上面睡了过去,怀里紧紧抱着随行的包。我想起几个月以前的傍晚,我和我爸就是坐在这里,说一些无关紧要的琐事,他讲些亲戚邻里的家长里短,我就讲学校里发生的事给他听。可学校里能有什么事呢?淡得出水,倒是经他嘴说出来的那些七七八八的传闻或确证,时常令我感到匪夷所思。

不过短短几个月罢了,可再次途经此地,却有种时过境迁的伤怀。我明知自己已无路可退,所以得厚颜无耻地,拉着家人一同往前走。

检查结果两个工作日后揭晓,恰巧碰上了周末,于是又往后拖了两天。我爸在电话里颇有微词,说应该提前两天预约才对的。

我说这是医生的安排，而且也不急这两天，反正到时候总会出结果的。我一面忧心忡忡，觉得拖得了几天是几天，一面又盲目乐观主义作祟，隐约地好奇。

好在最后的结果还不错。

"原病灶（右侧腋窝、脾区周围、脾胃间隙、肝胃间隙肿大淋巴结）范围较前明显缩小或消失，代谢消退。原病灶（左侧结肠旁沟片状低密度灶）范围较前有所缩小，代谢消退。以上考虑淋巴瘤治疗后活性明显受抑。

"原病灶（右侧股骨头）局部骨质破坏，代谢增高，较前未见明显变化。"

我不太能够准确地理解这些医学术语到底意味着什么，就问教授。他的解释倒是言简意赅："身体上化疗药物能够到达的地方，基本都好得差不多了。至于股骨头，做完自体移植可以再去做放疗。这说明化疗的效果还是很好的，不要担心，好好休息。"

我这才放下心来，诊断结果里"缩小""消退"这类模棱两可的描述让人莫名地不安。我把医生的话转达给我爸，电话里的他听起来十分高兴。

"没事就好……没事就好……"我甚至能想象他长舒一口气的样子。

隔壁床的叔叔是一位湖北天门的老乡，四十多岁快五十的样子，白血病。与一般的病人相比，他挺爱走动的，吃完饭没有输液的时候，他就会到隔壁病房一间间地串门，慷慨激昂地讲一些鼓舞人心的话，颇有演讲的风范，也挺能打动人的。虽然大多是"加油""你一定要有信心"之类的陈词滥调，可还是能起到些许的作用，大伙儿都很喜欢他。

我和我爸打完电话，刚放下手机，他便适时地开口了。

"我都说了没什么事的吧，你看你，年轻的小伙子，这也怕，那也怕……"

我不知道他是怎么看出我"这也怕，那也怕"的，我从来没对人说过我的忧虑，人前也总是一副沉静淡然的模样，可我作为"年轻的小伙子"，被人说"这也怕，那也怕"，难免觉得有点不好意思。我想开口辩驳一下，却又不知该说些什么。我总是对话特别多又开朗的陌生人感觉无所适从，初次见面，我时常费尽心思，想让人觉得我是一个有趣的人，于是小心翼翼，生怕说错一句话而被贴上"无趣"的标签。相比别人的无趣令我尴尬，我自己的"无趣"更是让我如坐针毡。殊不知，在我仔细思忖该说些什么的时刻里，时间其实已经一分一秒地过去，我早就沦为别人眼中"不爱讲话"的人。

后来我在这位叔叔的前面出院了，同大多数病友一样，我们萍水相逢，以后也再没见过，偶然想起他，我会觉得有点可惜——我再没有机会去扭转他对我的印象了。

治疗渐渐有了效果，我的胆子也大了起来，为避免感染，平时我们大多是坐出租车回家，从汉口到武昌，车费在五十元左右。那一次出院，我和我妈一起坐上了兜兜转转的公交车，停一停，走一走，再停一停，再走一走……最后到家大概花了一个半小时的时间。

推开门的时候，小婶已经在客厅里了，她给我做了粉蒸肉，从高压锅里一片片地夹出来，还是热乎乎的。

"检查没事吧？"她问我。

"嗯，没事。"我从饭碗里抬起头，笑了起来。

"没事就好。"她也笑了起来。

我妈还在厨房里忙碌着，我猜她应该在翻炒刚买的我叫不出学名的青菜。

　　小婶回家避暑不到两周，还是回到了武汉。时间已经走到八月的尾巴上，可暑意丝毫没有消退的意思，依旧烈日当头，一个个晴好的日子接踵而至。我们照旧每日待在屋子里闭门不出，只有在吃完晚饭的黄昏时分，才会想要短暂地离开片刻，出门散步。

　　我爸特意回老家考驾照，进展似乎也不是特别顺利。我在一次午饭后接到他的电话，听起来语气低落，与备考时斗志昂扬的模样判若两人。

　　"都说科目二难。一进驾校就有人告诉我，科目二最难，说只要过了科目二，驾照就已经揣兜里了。但我觉得没什么难的啊，教练也夸我开得好……"曾经的盲目自信还历历在目，海口也早已夸下，此刻难免有点难为情了。

我也不落井下石，说些令他难堪的话，只是平静地宽慰他，说下次再努力就好。

　　"我那辆车太旧了，不好开，每次上坡就熄火……"他极力解释。

　　"嗯，考试的车辆都旧，是不如驾校的好开。"

　　放下手机，我把我爸"挂科"的消息告诉了我妈，我妈笑了起来，是那种听到好笑的事之后发自内心的笑容，我真希望她能这样多笑笑。

　　"平时不是挺厉害的吗？还'呃，教练也夸我开得最好……'"她模仿着我爸的语气，将这句话讲述得十分好笑。她很爱模仿，只要是有她在场亲眼所见的情景，下次转述给另一个人听时，她就会极尽所能地模仿对方的语气。对方要是小孩，她的声音就童稚十足，如果是大人们发脾气时的剑拔弩张，她就表现得凶神恶煞。

　　小婶在一旁冲蜂蜜水，听见了我的话，也加入了进来："就这点本事吗？每次在那边狠什么狠……"我们仨会心一笑，头一次达成共识。

　　我爸不是什么好人，他也许真的很爱我，我突如其来的疾病也确实令他心力交瘁，可我也清楚地知道他一定不是好人。这些年来，他出轨，带小三回家，殴打我妈，坏事做尽，可我们这个支离破碎的家庭，却始终苟延残喘着，走不到那个真正分道扬镳的终点。

无数次地争吵，冷战，和好，再陷入下一次焦灼，周而复始，该死的血缘永远牵绊着我们。一觉起来看到他疲倦的脸，却无法再像头一晚那样义正词严地说出"民政局见"。我们就这样折磨着彼此，芝麻大点的小事也能吵得天翻地覆，谁也无法获得幸福。

　　我一年也见不到他几次，只是苦了我妈，得日日忍受他的暴脾气和无端猜忌。

　　他回家之后，我们才获得短暂的安宁。我无从得知他们的婚姻到底面临过怎样的困境，才走到今时今日明明早已穷途末路却仍旧不愿撒手的地步。那个至关重要的原因，可能是我，也可能是习惯。对于一个农村中年妇女而言，重新开始生活太难了。

　　也是在我爸回家之后，我才感受到一种久违的平静。我妈照例一早下楼买些新鲜的蔬菜与水果，她是爱吃这些的人，对年轻人爱的炸鸡、臭豆腐之类的，她嗤之以鼻。吃清淡的吃久了，会有一种"要不就那么敞开肚皮胡吃海喝一顿"的豪迈，我自然也不例外，虽然和医院里同龄的病人比起来，我算是自律的了，可馋瘾一旦上来，就很难抗拒。

　　有一天吃完午饭，趁妈妈和小婶各自午休的时候，我偷偷下楼，在小区外的便利店里买了一盒泡面。我在货架前踌躇不已，残存的理性抓住我，心想买泡面已经是大逆不道了，就挑个清淡的"香菇炖鸡"味的好了。可拿起它走到一半，最后还是狠了狠心，换成了更大胆的"老坛酸菜"，才走去收银台付了钱。

　　回到房间，我也不好直接拿面去客厅泡，就用自己的小水杯分两次打了两杯开水，装进了那口偌大的纸碗里。在等待它泡软的那三分钟里，我十分开心，内心有一种充盈的期待。我暂停了电脑上正在播放的《我的恐怖妻子》，什么事也不做，就乖乖地坐在椅子上，看着眼前的这碗面，等待着那漫长的三分钟过去。我曾经经历过很多次这样的三分钟，可没有哪一次如这般令我雀跃又愉快。

终于，面泡好了。我揭开包装纸，用塑料叉子叉起一大坨，面的软硬刚刚好，看起来劲道极了。这时，香味适时地飘了出来，这味道太熟悉了，可真是香啊！

我迫不及待地吃了一大口，尽管还有点烫嘴，可我管不了那么多了。果然还是十几年如一日的味道——太难吃了！泡面是怎么做到闻起来诱人，吃起来骗人的？可我想着这是好不容易买来的，丢了就可惜了，于是又勉强吃了几口，最后实在是吃不下了，就放在那里，看剧去了。

等我妈午休完，照例进房间来询问我晚餐想吃什么的时候，她看到了那盒泡面。我的饮食十分规律，由于不爱喝汤的缘故，为了让家长安心，中午一般是吃一顿粉蒸肉，电话里他们听说我吃了肉，才觉得化疗丧失的元气正在补回来，便满意了；下午就吃简单的米饭，可搭配的时蔬也不多，基本就是几样青菜换着吃，好在我也不挑剔，做什么我就吃什么，可即便如此，她依旧会例行公事一般地问我想吃什么。

她拿起那盒泡面，问我："这个还要吗？"

"不要了。"我说。

于是她就当作再平常不过的垃圾收拾掉了，没有说一句多余的话。而那也成为我在生病期间的唯一一次越矩，从那以后，我总是能够牢牢地约束自己，不被那些刺激性的食物吸引。

九月一号，全国正式开学，我头一次在这一天里感到前所未有的平静。小时候，开学总是让我焦虑不已，我总是希望假期结束的那个夜晚可以再长一点，最好无边无际，可总不能如愿，只好硬着头皮去上学。

那天晚上，我在睡前接到了小叔的电话。暑假结束了，可天气还是没有凉快下来，我忧心他的工作一定十分辛苦，可也无法事不关己地告诉他："要是实在累就回来吧。"我深知他有自己的困顿，需要依靠自己的双手解决生计问题。

他嘱咐了我很多生活里的小细节：要多吃肉，不要心疼钱；天气热，多补充水分，你不爱喝水，就多吃西瓜；晚饭后无风的天，多出门走动；不要和爸爸生气，他说什么，你就当没听见。

收线前，小叔最后对我说："我挺想你的。"

我们甚少这般讲话，尤其是成年后，更是羞于表达爱。想到他在电话那一端的羞赧，我看着窗外绵密的夜色与万家灯火，不自觉地嘴角上扬。

临睡前，我上了最后一次厕所，在洗手池里认真地洗完手，算是宣告这一天彻底结束了。头顶的小灯散发着白色的光，我抬起头，面前镜子里的样子也清晰起来。我的眉毛和眼睫毛已经掉光了，不知道是不是这个原因，显得双眼无精打采，胡子也多日不长，整个人看起来奇怪极了，病态百出。

我正打算关上灯离开，突然察觉到哪里不对劲，那个镜子里的自己，别扭得很。几乎是下一秒，我就发现了症结所在。

我胖了。可又好像不是一般意义上的胖，这种胖很奇怪，我明明看得见镜子中晃荡在袖管里的单薄的手臂，可目光上移，的的确确是一张至少一百五十斤体重的脸，脸颊上的肉都争先恐后地向外挤着，肿到不行。我捏捏脸，手感很好，又尝试着做了个鬼脸，几乎把自己丑笑了。我想，这该死的激素，终于还是发挥它们应有的作用了。

我这才心满意足地关上灯，朝房间里走去。

❧

我胖了，可是人生病之后，仿佛大敌当前，生与死都一下子迫在眉睫，哪里还有闲情逸致操心胖瘦。头脑在潜意识里自动将这些排了先后，活下来是第一位，丑到死在末尾。

周末，有几个初中时便认识的好朋友过来看我。大中午的，天气很热，我接下他们手里的水果，就开始照例聊些以前的事。我其实已经没有多少往事可聊的了，这段日子以来，那些尘土斑驳的回忆已经被强行拿出来讲过许多次了，有些是真正有趣的，值得回味，有些则是我不愿提及的，可也还是有人记得。

我们在客厅里说着话，为免拘束，妈妈和小婶都自动退到了房间里，一整个下午都没有出门。晚餐的时候，妈妈做了一锅水煎包，吃完了，又做了一锅，馅料是猪肉大葱的，有一点北方特色。我记得大家吃得很开心，天黑透了才散去，最后连米饭也吃不下了。

我执意要送他们下楼，去马路对面的公交站，其中一个朋友问我："楼下有风的，你能吹风吗？"

"没事的。"我随手拿了一件外套披在身上。空气里还是残留着一些夏末的气味，风吹在身上温柔又舒服。

我们说了一会儿话，公交车就来了，我问："你们有零钱吗？"

"有的，你快回去吧。"他们向我招招手，就钻进了人满为患的车厢里，很快就看不见了。

我站在马路边等红绿灯，不见一辆车开过来，整条道路空且寂寥，真是个不可多得的夜晚。等到绿灯亮起，我才舍得朝家里走去。

我原路折返，快到小区门口的时候，看到光线捕捉不到的阴影里，有一对年轻的情侣抱在一起接吻。事实上，"年轻"与"情侣"都是我的个人猜测。天太黑了，我看不清他们，当然我也无心去辨认他们，那似乎太不道德了，要不是旁边有一口大花坛，将路挤得颇为局促，我一定尽我所能地离他们远远的。

我按下电梯上楼，打开门，看见小婶正兴致盎然地对着电视跳广场舞。每天晚上她都要跳一会儿，直到我们每个人都洗完澡，她才关上电视机朝浴室走去，整个人大汗淋漓。

我已经没有头发了，有时候抬起手习惯性地摸头，会摸到软软的头皮，然后倏然反应过来。可即便如此，每天洗澡的时候，我还是会郑重其事地挤出一点儿洗头水，只要一点儿就够了，在空空如也的头上一通乱抹，然后拿水冲掉。这听起来多此一举，可是却很有必要，没有头发，头皮依旧是会出油的，油油的，摸起来会感觉很脏。所以谁允许你们嘲笑"尼姑洗头用飘柔"的？只要她们愿意，她们甚至可以用……潘婷。

我一边拿着我妈刚收进来的干毛巾擦头，一边看着手机里卜卜给我发来的微信。

"你太瘦了，要多吃一点啊。"她说。

"哪里瘦了？脸明明肿得跟鬼一样。"我不知道我为什么会拿"鬼"作比，明明"猪头"更合适的，胖的鬼应该百里挑一吧。

"只是脸呐，胳膊和腿都更细了。"

"人活一张脸呢……"

她没回我，我猜她可能去洗澡了。

我和卜卜算是联系得比较多的了。我们是初中同学，现在想想，友谊好像是在初三毕业的那个夏天里才逐渐稳固起来的。那时候，我和她以及另外一个叫阿良的男孩子，经常在最热的正午时分，坐上开往隔壁镇子的班车，漫无目的却又激动快活。

我们沿着开阔的马路向前走，天空又高又远，运气好能看到几朵云。走了一会儿，我干脆把鞋子脱掉了拿在手上，水泥路面惊人地烫，可前方看起来依旧千篇一律又了无生趣，我们只好找个地方休息。

我们在阴凉处挨着坐下来，不远处的草坪上，有人正在拍婚纱照，我擦擦额头上的汗，觉得他们甜美的微笑下，一定苦不堪言。手边的"柠七"已经有点苦了，柠檬片的果肉泡久了分崩离析，很容易就被吸进嘴巴里，把你酸得皱起眉头。

这种几颗冰块、一片柠檬加一杯七喜的饮料，在后来的夏天里又陆续被我们喝了很多次。有时候出去玩，如果当中某一个人迟迟不来，剩下的人就买三杯这种饮料，坐在树下一边数着车辆，一边不停地打电话催促。

升上高中，我和卜卜选了文科，阿良读了理科。文科班很少，可是我们还是没能如愿分到一个班里。我在二楼的第三间，她在二楼的第四间，后来又陆续换了好几次教室，也一直都是紧挨着的好邻居。

每次放月假，好不容易迎来休息日，我们就一起约好去市里吃火锅，照旧喝那种放久了会苦的饮料。网上有个很有根据的说法，说几个朋友出去玩，总是其中一个料理所有事，我可能因为年纪最大，便自然而然地承担了这一责任。

阿良是我们三人中学习最好、年纪最小的一个，也是最不操心、最不懂人情世故的那一个。他极爱玩手机，诺基亚里永远有聊不完的 QQ，每次过马路，他头都不抬，全凭感觉跟着身侧的我往前走。我说你不怕死吗？他说你又不是没长眼睛。

我们去朋友家吃饭，夏天里，朋友的妈妈端了一道凉拌皮蛋上桌，他吃了一口，行家似的跟阿姨说："醋放少了，下次多放一点醋会很好吃。"然后低下头继续玩手机，我在一旁尴尬到跳脚，瞪他他也看不见，最后只能看着阿姨抱歉地笑笑。

他来我家吃饭也一样。饭桌上手机不离手，我跟他说不能这样，和长辈吃饭的时候玩手机很没礼貌的，他记住了，可显然后来又忘了。他一边玩手机一边和我讲他们班男生女生的风花雪月，谁谁谁背着谁谁谁和谁谁谁睡了，谁谁谁把老师气到半死……都是些长辈禁忌的话题，我一边嗯嗯啊啊地附和他，一边小心翼翼地用余光注意我爷爷，生怕他会在饭桌上大发雷霆，还好后来相安无事。

上大学后，因为高中小小的裂隙，我们的联系渐渐不如以前频繁了，虽然有个三人的讨论组，名字叫"火箭队"，但大家忙着各自的生活，很少有谁讲话。

阿良念计算机系，卜卜读酒店管理，偶尔约一次，也只是在光谷步行街里走一走，然后吃饭看电影。我们已经很久没喝过"柠七"了，取而代之的是其他更缤纷的饮料。武汉可真大啊，找一个人需要坐公交车，转地铁，然后在人潮汹涌的市中心，掠过一张张陌生的脸，等待他走过来。可武汉又真小，远不如那一年隔壁那个镇子，天空辽阔高远。

2016 年的夏天，卜卜考上了他们学校的专升本，再读两年，就可以拿本科的毕业证。听起来挺好的一件事，却遭到了她父亲的严厉反对，这种反对是有理由的——她下面还有个弟弟，早早毕业对家庭是有好处的，而且三本的学费也确实不算便宜。

她和她爸爸大吵一架，不欢而散，远在外地的姑姑也打电话过来责备她，说她自私，不理解父母的辛苦，只为自己打算。她在群里问我的想法，我自然是支持她的，我哪里能为我的朋友考虑那么多现实里的家长里短。我只是义无反顾地追随她，因为我知道，在她向我寻求帮助的那一刻，她内心其实已经有答案了，而我能做的，只是帮她确定，她是对的。

我生病之后，卜卜常问我："医药费够不够？"

我不知该怎么说，只能搪塞过去："嗯，还行，不用担心。"

"我上个暑假在酒店做兼职赚了几千块钱，我转给你吧。"

我心下一暖，多善良的姑娘啊，然后拒绝："不用了不用了，你自己好不容易挣来的，留作生活费吧。以后学费也不便宜呢。"

好在最后她还是排除万难，如愿读了专升本。

我擦干头，躺了下来，心想，熬过这个夏天，以后还会有很多个夏天的。

第五次化疗结束后不久，我在家休养了几天，白细胞慢慢恢复到正常值的时候，我爸就从老家过来了。他的科目二后来还是通过了，说是补考的时候分到了一辆相对好开的新车，一次就通过了。他电话里听起来十分开心，没过几天便让教练预约了科目三，考完试隔天就坐上了开往武昌的动车。

也许是由于他离开之前我眉毛还来不及掉的缘故，这一次的重逢并没有给他带来多少快乐。他进门就开始打量我，仿佛不可置信一般，又把我叫到跟前，仔仔细细地看了一遍，几乎是老泪纵横："你怎么变成这个样子了？"

"哪个样子？"我问。

他不说话，只是悲伤地看着我。

"你不是希望我胖点吗？你看我现在，不只脸，连脖子都粗了一圈。"

"你人看起来很没有精神。"他有点呜咽了。

"噢，是眉毛掉了。眉毛掉了，人看起来就会很奇怪。脸肿是因为打了激素，这是化疗后的正常反应，以后治疗结束，会慢慢恢复的。"我把医院大厅里电视机上循环播放的宣教知识讲给他听，他一听是"正常反应"，情绪就渐渐平复了下来。

"你还是得多吃好的。"他言之凿凿。

“我吃得挺好的。”我从冰箱里拿出一杯酸奶喝了起来。

“不够不够。”他摇摇头。

“得多吃肉才行。”

又来了。

“吃肉能长眉毛吗？”我白了他一眼。

“你说化疗对人的损伤多大啊，你不吃点好的，哪里补得回来啊……”

时间仿佛又回到了数月之前。每日，我在房间里做自己的事情，看书或者写作，爸妈就坐在外面的客厅里看电视，都是些年轻人爱看的首页推荐的大热剧，而且演员必须颜值高才入得了二老的眼。有时候我出来吃饭喝水的间隙，也会靠在沙发上陪他们看一集《好先生》或是《翻译官》。

他们太爱吵架了，生活里方方面面的琐事都能让他们剑拔弩张，电视剧自然也不例外。他们为各自喜欢的角色争得面红耳赤。我爸是十足的大男子主义，一定要我妈认同他；我妈平时对谁都挺和气的，但就是不服我爸，两人一定要分个高下才肯罢休。可开放性问题哪里有标准答案，最后往往只能演变为彼此之间的人身攻击。

我在房间里待着，时常需要留心外面的一举一动。他们一有争吵的苗头，我就得适时地走出去，他们看到我出来，就不敢再说什么了。

有一对不懂事的父母，小孩就得操碎心。

晚饭后，如果还有那个闲情逸致，我们会去附近大一点的超市走走，买一些吃的东西回来。我是喜欢逛超市的人，尤其偏爱果蔬区。越大的超市逛起来越有趣，水果和蔬菜也越新鲜，看到还沾着"露珠"的水果，即便知道是被人"别有用心"地喷洒上去的，也会想买一些回去。

躁郁的时候，上超市走一走，买几样不那么需要却坚信"日后可能会用到"的东西，付完钱，走出来，心情会舒畅很多。逛超市比逛商场有趣多了，更不用提逛淘宝了。

我不太记得第一次上超市是几岁的事了，只记得后来有一次过年爸妈没回家，我和奶奶还有哥哥便去了他们所在的城市。那时候，只要爸妈下了班，我们便去逛超市，我牵着他们一人一只手，内心充盈而幸福。

现在，每次上超市，我爸都会自行往他觉得有酸奶的方向走去。他见我爱喝酸奶，总是想一次性买很多回家。我说这个有保质期的，而且楼下的超市都有，不用拿那么多的，可以喝完了再买。

他说，你小时候上超市，总是喜欢一次性买很多东西回家的，还记得吗？

我当然不记得了，就是记得我也不会承认的。

我推着购物车往蔬菜区走，我妈在打折青椒面前流连，那些青椒一个个无精打采的，像没睡醒的样子。我说不要这个，这个都蔫了。

我妈说没事，这些买回去可以炒给我们吃，你得吃新鲜的。

我爸也过来了，他粗鲁地夺走我妈手中的袋子，将那些没睡醒的青椒倒了出来。我怕他们又意见不合，在人来人往的超市里吵起来，就拉着我妈走。我说走吧，去买新鲜的，省这几块钱发不了财的。

她没有拒绝我，就像我以前学不会拒绝那些半生不熟的人找我借钱一样，她也学不会拒绝我。等我们走出超市，天空几乎就要暗下来，西边只剩下一小撮亮色，像一枚微弱的烛火。

　　九月尾巴上寻常的一天，我好不容易才鼓起勇气打电话向教授预约了床位，准备开始最后一次化疗。看起来仿佛一段旅程即将抵达终点，可那时我尚不知自己究竟有没有被治愈的可能，所以终究不能像长跑运动员那样，气喘吁吁却快乐而满足。我只是有点怕，怕中间再生出什么枝节，怕直到最后一刻，主治医生才宣布我其实无药可救。

　　"我们尽力了。"怕他会这样说。

　　可后来一想，这种想法完全是电视剧看多了。医生才不会讲这样的话。会郑重其事地去你的病床前亲口说出这种话的医生，简直糟糕透了。对于每一个认真配合治疗的病人而言，医生是我们的支柱，一旦他在你面前放弃，那是比死亡更汹涌的浩劫。

我的新病房和以前住过的每一间都不一样。它看起来很大，所以容纳的人数也更多，一般的病房都只是大学宿舍模样的四人间，可它却足足住了八个人。最惹人注目的，要数每张病床上都套着一层厚厚的塑料罩子，看起来有点像小时候爷爷地里的温室大棚，但其实说它是一顶结实的蚊帐更准确一些。

我曾经不止一次路过这间病房，午休时，晚饭后。在我心里，它不是一个友好的存在——到底是病得多重的人才需要被如此隔离起来，我这样想。它明显不是一间普通的病房，往常我经过它时，心里多多少少会有点庆幸。

所以当我顺着医生开的住院证找到这间病房时，我是抗拒的，但我没有对任何人讲。有两个年轻的护士在为我铺床，挂塑料罩子，我假装若无其事地问道："为什么要挂这种罩子？以前的病床好像都没有呢。"

因为我是"老病人"的关系，这两个护士已经和我很熟了，她们两个一边铺床一边给我解释："因为这是你最后一次化疗了，到时候出院之前，教授需要采集你的造血干细胞，以后做移植要用的。所以后期你的白细胞会特别低，抵抗力弱，就需要住在这种罩子床里面。"

原来只是白细胞低，才需要这种床，我心里莫名好受了一些，对"罩子床"的怨怼也似乎没有那么深了。挂罩子的撑竿有点太高了，其中一位护士踮着脚也显得十分费力，我就帮助她挂了上去。她道谢，说今天暂时不输液，得明天让教授开医嘱才能上化疗，让我好好休息，有事情记得叫她们。

我说好，就一头钻了进去，蒙上被子，开始换病号服。

住我隔壁的，是一位快六十岁的伯伯，沉默寡言，看起来不太老，且精神矍铄；隔着一条宽阔的走道，和我床尾对床尾的，是一位四十多岁的阿姨，我鲜少能看清她的脸，因为她总是躺着，偶尔起来上厕所，也都是披头散发的模样，她老公大概在家挣医药费，身边的一切都由她儿子照料；阿姨旁边靠墙的床位，是一个年轻的女孩子，光头，总是低着头玩手机，看起来很漂亮。

大病房唯一的好处，大概就是人多了，可对我而言，人多从来就不是什么好处。旁边的伯伯由于发烧的缘故，体温迟迟降不下来，每天夜里都要输液。护士来为他打针的时候，便叫醒他睡在一旁的爱人。他爱人时常迷迷糊糊，会径直走过去打开房间里的大灯，一时间灯光耀眼，恍如白昼，我便也随之醒过来。看看手机，才刚过凌晨，望着天花板挨过这一夜大概是不可能的了，只好跟着打瞌睡的"爱人"一起等，等到伯伯输完液，灯光暗下去，我才能安心地翻身睡去。

第二天一大早吃完早餐，我便下楼去做化疗前的例行检查，抽血、心电图……做心电图的科室在老住院部的二楼，我之前也来过几次，按照路牌的指示，很快就能找到它。我把单子交给年轻医师，就在外面的椅子上坐了下来。

检查室外挨着门有一排塑料椅子，大家把医生开的检查单递过去，就一个挨一个地排队坐下来等待。大多数人都穿着便服沉默着，唯独我一人穿着病号服，可我已经不在意这些了。轮到我的时候，有位看起来不太年长的奶奶挽着包笑眯眯地走上前对我说："小伙子，让我们先进去吧，我们赶时间，接下来还有别的检查呢。"

我看看她，又看看站在她旁边面无表情的患者爷爷，心想，这是插队啊！我作为曾经的少先队员，又是共产主义的接班人，绝不能助长这种歪风邪气，我要巩固社会的秩序，维护世界的和平，让这帮大爷大妈看看什么叫纪律。现在要是让她如愿，排在我后面的叔叔阿姨们也趁势一拥而上，我该如何是好。

"这……"我有点困扰，我看看一旁的人，又觉得她说的没错，这里面可能确实只有我一个人不赶时间。我都住医院里了，还有什么时间可追赶的，我突然有点无奈了。

"嗯，好吧。"我笑着对她说。

"谢谢你，谢谢你。"她一边道谢一边领着爷爷推开了那扇门，出来时也确实疾步赶赴下一个检查地点……我猜。也许她只是想去吃碗面也不一定。

回到病房的时候，床尾阿姨的小儿子正在发脾气。为什么叫他小儿子呢？因为病友们和他妈妈讲话的时候大多说"你小儿子呢？"久而久之，我向我爸提到他的时候，也会顺口说道"床尾那位阿姨的小儿子"如何如何，总而言之，就称他为小儿子好了。

小儿子和我同岁，可能是由于很早就进入社会工作的关系，身上有一股很重的江湖气。他讲话永远是一副亢奋的大嗓门，和年长的叔叔伯伯们也能称兄道弟的样子，是我在学校不曾目睹过的一种语言风格，感觉陌生又有点畏惧。

我进门的时候，小儿子正好把一包蒙牛的纯牛奶向洗手间扔过去。即便性格各异，可人与人之间还是有很多共性的，比如生气的时候，大家都爱砸东西。我也一样，高中时代有一年过年的时候，我爸妈深夜吵架，我砸了一个手边的充电器。但那时候不比现在，诺基亚尚未退出历史的舞台，特别耐砸。砸完我妈告诉我，生气的时候不要扔东西，扔坏了的东西还是要自己花钱买的，我深以为然，后来吵架再也没有砸过什么。

最近一次就是我化疗期间，我爸妈因为一点鸡毛蒜皮的小事吵得不可开交，开始翻各自年轻时的情史，问候彼此的老祖宗，不堪入耳。我怎么劝都没办法，就砸了拿在手里的手机。还挺有效果，他们马上就停止了争吵，可我手机的屏幕已支离破碎，内里的各个"器官"都清晰可见。冷静下来后，我后悔极了，他们根本不值得我扔手机的。唯一值得欣慰的是，纵然如此，手机依然能用，刷微博打电话两不误，只是整块屏幕都脱落了，在实木地板上碎了一地。

我站在门口看着小儿子，眼睁睁地看着他那张怒气冲冲的脸掠过我，疾步朝室外走去，直到他转了个弯，消失在我的视线，也一次都没有回头。

我走到床边，拎起塑料罩子钻了进去，旁边的一位叔叔正在小声地跟我爸讲述方才的因由，我已无心去听了。医院里的情绪上涌，多半都只是日常琐碎的积累，在一个再普通不过的节点，无可抑制地倾泻而出，这之后，日子照旧该怎么过就怎么过。

我靠在床头斗了几盘地主，抬头的时候，小儿子已经回来了，他正扶着床尾阿姨去上厕所，另一只手持着拖布，看样子是要打扫一下卫生间里那一团溢出来的奶渍。

✻

人类身体的免疫机能真的是十分睿智，数月之前初次化疗的痛楚还历历在目，可几次做下来，身体好像自行探索到了如何去适应它，反应越来越不明显，仿佛真的只是普通的打针输液一般。有时候甚至让我产生一种"是不是狡猾的癌细胞已经进化到对化疗药物无感了"的迷思，常常庸人自扰。

可这一次明显有点不一样：我竟然食欲全无。据我所知，对大多数人而言，化疗期间食欲减退十分正常，可在我以往的数次化疗里，住隔壁的病友总会羡慕地跟我爸妈说"你小孩食欲不错哦""年轻就是好，恢复得快"这类赞赏之词。我其实也没多想吃饭，可一日三餐的准则还是要遵循，不然父母又要念叨好久。

看到食物就想吐这次还是头一遭。那一天我基本没有吃什么东西，晚餐就吃了点水果，第二天醒来，就感觉头晕晕的，揉了揉也不奏效。我独自走到洗手间上厕所，内科楼的住院部"年事已高"，厕所里面没有马桶，只有一个木制的板凳一般的坐便器。我坐在上面没多久，人就开始感觉恍惚，接着全身开始流汗，我脑海里盘旋着一个念头——我可能要晕倒了。

可我绝不能晕倒，尤其不能在厕所里晕倒，如果我在厕所里晕倒，下一个人会看见我来不及提起裤子的样子，然后惊慌失措地叫来更多的人，那太狼狈了，我绝不允许这种事情发生。我扶着门把手起身，这对我来讲有点太困难了，我的身体沉重得不得了，迫不及待地想要往下坠。等我料理好一切，又再三确认厕所的确冲干净了，才打开门向我的床走过去。

我绝不能晕倒，除了觉得丢人之外，还有一个更重要的理由。我是见过有人晕倒的，在病房外的走廊里，女孩儿倒下去仿佛只是一瞬间的事，她身边的人开始尖叫起来，她妈妈一边想要扶起她一边声嘶力竭地叫医生喊救命，护士闻声急忙赶来。这一切都发生得太突然，原先安静有序的住院部，一下子乱了套。我不能重蹈覆辙，不能让我爸妈面对这种事。我使劲地眨着眼睛，好让自己不要中途睡过去。我爸在看电视，他看起来乐呵呵的，正好面对着我，不只是他。所有的病人家属都在看电视，他们望着同一个方向——我的正上方。我加快脚步，终于在支撑自己的那股力量要被耗尽之前，胡乱地拉开了罩子，将上半身放心地朝床上摔了过去。那一刻，我感觉到前所未有的幸福，接下来要杀要剐，随便了。床垫很软，我闭上眼睛，一动也不想动，浑身都是汗，病号服死死地贴着身体。

我爸好像还是发现了端倪，也许是我睡觉的方式很奇怪。

"你怎么了？"他问，语气听起来云淡风轻。

"我头晕。"我闭着眼睛回答，心想要是倒在地上，现在的场面会截然不同。

出过汗之后我整个人感觉好了不少，我妈拿来了新的病号服替我换上，我爸叫来了教授。

"头晕吗？"教授问。

"嗯。"我点点头，隐瞒了刚才觉得快要晕倒的事实。

"嗯，是这样的，因为这是你最后一次化疗了，所以这一次用的药是比较重的，强度可能是你之前化疗的两到三倍。接下来你会进舱做移植，移植其实就是一次大化疗，大概是你以前化疗强度的十倍甚至数十倍。不过不要怕，没关系的，你又年轻，恢复得也快。"

他摸了摸我寸草不生的光头，笑了笑，就离开了。

一连几天，我都粒米未进，买来的饭菜最后都塞给了爸妈，实在是吃不下。我爸没办法，就让医生给我开了营养液，每天输一大瓶。这种看起来像牛奶一样的营养液，我刚做完手术那会儿，在重症监护室输过，那时候每天要花费不少钱，我总觉得罪魁祸首是它。于是打了一天之后就跟我爸说不打了，让他去找医生重开医嘱。

他嘴上说好，可第二天输液的时候，护士照样拿来一瓶，用黑色的袋子遮住，说要避光。好在慢慢地，我的食欲逐渐回来了，可以吃一点米饭了。我一大早就跟我爸说，让他去找医生改医嘱，可是到了输液的点，护士还是把放着黑色袋子的推车推到了我的床前。

我有点生气了，我说我们又不是什么有钱人，况且现在都已经能吃饭了，还打这个做什么。

我爸笑笑："你才刚恢复，得巩固巩固。"

…………

真是拿他没办法。

床边的婶婶就看着我笑，说你爸爸对你真好。

我也对她笑笑，一时间不知道该说些什么好。他是对我挺好的，可只要他一天不对我妈好，他就无法成为一个被认可的好父亲。

隔壁的伯伯还在发烧，他刚刚被确诊为白血病，时常会在接受治疗与放弃治疗的挣扎里沉默下来。与他的矛盾相比，他爱人倒是十分果断，这几天来，她不停地旁敲侧击，想要说服他作出决定，好收拾东西回家安度残生。

"已经用了六万块了，还不知道什么时候是个底呢。

"今天儿子又打了两万块钱过来，老是这么拖累他们，我良心是真的不安。

"你听说了吗？外面有个二十岁的小伙子，治疗费用花了一百多万，现在还没治好，还在排异呢。我怕成孩子们的负担。"

大多数时候都只是她一人在碎碎念，伯伯很少讲话，实在无聊就打开手机开很大的声音斗地主。

一天中午，我爸下楼买饭去了，碰巧隔壁床伯伯的两个儿子从不同的地方赶了过来。一大家子，大人小孩，很是热闹。大儿子在南京定居，小儿子留在了老家谋生。

我一边等我爸，一边听他们讲话。在医院，无论多隐私的事，大家都不会刻意压低音量窃窃私语，反正都是些素不相识，以后再也不会见到的人。正是基于这种无所畏惧的认知，我才得以有机会听到那些角落里的悲凉。

原来很多年以前，伯伯和婶婶还生过一个小儿子，可是那时候计划生育查得严，家里也穷，怕养不活，刚生下来不久就把他送人了。即便后来过上了太平日子，两个儿子也纷纷成家立业，他们也没有再去问候过曾经送人的小儿子。

前不久，伯伯查出了白血病，婶婶就找到了她的小儿子，把实情告诉了他。

"说是前几年考上了名牌大学的研究生，现在还没毕业呢。"婶婶说。

"您不应该告诉他的，您现在告诉他，对他一点好处都没有。"大儿子显然是受过教育的，戴着一副眼镜，知书达理的样子，讲的话听起来也十分善良。

"怎么能不告诉他呢？爸爸都生病了。"婶婶悲伤地说。

我在旁边默默地听，白眼快翻到后脑勺了。爸爸生病了，所以记起他了，可爸爸吃肉的时候，怎么不想着夹一筷子给他送过去呢？

不负责任的父母，是绝对可以把一个人拖向地狱的。

"可他不来，他居然不来，你说他是不是人……"姗姗有点生气了。

"他想和他的养父母过一辈子……"

终于听到一句让我气顺的话了。

我差点就要跳起来鼓掌了。

这时，我爸恰好回来了。我们吃完饭，等输完液，照例去走廊外散步。想了很久，实在憋不住，我还是把我听到的事告诉了我爸。

"那个年代嘛，这种事多了去了。"我爸的语气听起来波澜不惊。

"可是他现在生病了才想起他儿子。"

"是啊，这就不对了。人家小孩子读研读得好好的，现在知道自己父母不是亲生的，不知道该怎么想了。"

我们沿着走廊向前走，在尽头的那扇玻璃窗户前停了下来，外面是一座拥堵的高架，此刻被车塞得满满当当。我又想起在外科大楼的那段日子来，那时候，闲来无事，我也总爱走到玻璃窗前，看着街道上渺小的行人，和远处高大的房屋。只是人呐，透过每一扇窗户看到的风景都不一样，不知该高兴还是难过才好。

❧

这一次化疗，我在医院停留的时间，比以往任何一次都要长。以前的每一次，都走着同一套模式，做检查，上化疗，再观察几日，就能回家了。可这一次却是不同，我需要将身体调试到恰到好处的状态，然后才能去采集造血干细胞。

每天，我只需要挂几包常规的药液，便高枕无忧。可我免疫力低下，除了上厕所之外，都不可以离开这四方的居所。起初还好，可时间一长，也觉得有点无事可做了。手边只有一本王安忆的《长恨歌》，可大病房整日闹腾腾的，很难读得下去。

床尾阿姨旁边的那位女生也和我一样，有时候我百无聊赖地看过去，看到她就靠在床头玩手机，连姿势都很少换。她的床上没有装罩子，即便我近视眼，也总是能看清楚她的姿态。从我入院以来，她就没有离开过那张床，连上厕所都是拉上帘子在床上完成。有时候她在床头靠久了，想躺平，也需要家人的协助。她不吃饭，不喝水，连说话的声音都小到需要俯在她耳边才能听清楚。不过她妈妈的声音很大，有时候她们吵起来，大家就会从她妈妈的话语里判断到底发生了什么。

她和她妈妈时常会有争执。她们是武汉本地人，讲一口地道的武汉话。武汉话市井味儿十足，即便只是正常的交流，语气稍微汹涌一点，也仿佛在吵架一般，显得像在生气。她似乎极爱和她妈妈对着来，不过也有可能只是她的无动于衷惹她妈妈不高兴了，才引发两人之间的不愉快。

她妈妈让她喝水，她不喝，聚精会神地盯着眼前的手机，她妈妈便一把将手机夺过去。她看起来有点虚弱，面色惨白，哪里是她妈妈的对手。

"还给我。"她有点生气了，语气听起来有点像小女孩。我因为近视的关系，看不清楚她的脸，听声音暗自猜测她大概是个十六七岁高中生的样子。

"你喝了水，我就还给你。"她妈妈不依，讲话的样子狠狠的。

"把手机还给我。"她重复着这一句话，后来声音就带点哭腔了。

"你说你有几天没喝过水了，你太过分了！你今天不喝水，手机我是不会还给你的。"

我记得，每次医生过来查房，都会问她，今天吃东西了吗？她不答，她妈妈只能在一旁为难地摇摇头。

"这不行的，不吃东西怎么行。"医生说道。

"没办法啊，她吃不下。"她妈妈又接腔。于是医生也束手无策，只能去询问下一个病人。

我估计她已经很久没吃饭了，每天都只是靠输液维持着生命。有时看着她和她妈妈对峙，会想过去问问她，为什么不吃饭，是不是哪里不舒服？想告诉她有什么难言之隐可以说出来的。觉得或许我们年龄相近，可以让她敞开心扉也说不定。可我终究只是想想罢了，毕竟是别人家的事，我管不着。

等化疗结束，我的白细胞已经降得很低了，每天都需要注射几支不同的小针剂，有升白细胞的，有提高免疫力的，还有其他我不知道功效的，一并扎进了肌肉里。后来手臂上扎多了，渐渐有点僵硬，满满的全是针眼，便开始扎肚子。

我躺平，护士就开始为我扎针，她揪了半天也揪不到我肚子上的肉，笑着说："你太瘦了，肚子上都没肉，你得多吃点好的。"

我爸一听人说起胖瘦，便过来搭话："我也是说他太瘦了，平时不爱吃肉么……"

"没啊，我肚子上有肉的，只是现在躺着你看不见罢了。"

这位护士胖胖的，估计是刚生完小孩的缘故。

她打完针，边收拾边对我说："其实瘦点也好，我挺希望瘦点的。"

"你会瘦的。"我祝福她。

接下来的几天，我都在不停地注射各种小针剂。有一种增强免疫力的药，推进肌肉的时候胀胀的，十分不舒服。护士也知道，所以总是推得很慢，还一边用棉签小心翼翼地按摩。除此之外，其他的时间都格外空闲，睡醒了，吃点水果再睡过去，整个人像是被封印在那张床上，可心里却明镜似的，遵循着一条准则——在医生没通知出院之前，我哪儿也不会去。

我爸倒是挺急的，至少比我急，毕竟他这人算是急了一辈子了，干啥都火急火燎的。他每天都问教授，什么时候"采干"

呢？教授说不用着急，他们心里有数，等时间到了会通知我们的，一刻也不会耽误，也耽误不得，错过最好的"峰值"又得重新"动员"。他这才像是吃了一颗定心丸一样，心满意足地回到病房里看电视，等到第二天一早，照例又朝着医生办公室走去。

我爸特别爱看电视。那几日某卫视一直在播马伊琍和陈建斌主演的《中国式关系》，大伙儿都爱看，每天午休完都准时蹲守，点名要调那个台。我爸因为之前在家里已经提前看完了全剧，喜欢得很，不停地剧透。我说你别这样，你这样别人还怎么看。旁边的叔叔笑着说，没事没事，然后转过头去继续问我爸："后来他们怎么样了？"

见大家都不烦，我也懒得掺和，盘腿坐着刷了一会儿微博。医院里的电视机声音开得特别大，我一边低头玩手机，一边听着电视机里的人物对话。剧情大约进展到陈建斌饰演的男主角离婚之后去了一家酒吧，周围闹闹嚷嚷，人声鼎沸，年轻的男男女女和着音乐醉醺醺地跳舞，然后陈大叔提高音量对酒保说："给我来杯菊花茶。"

我刷着微博头也不抬"扑哧"一声笑了出来，床尾阿姨的小儿子比我还激动，笑得张扬又大声，听起来是真的觉得很好笑。可除了我们俩之外，病房里的大人们对此都无动于衷，我们互看了一眼，最后相视一笑。

"采干"的日子越来越近，我心里却悄悄地打起鼓来，但是我没和家人说。我爸直截了当地问我："这个不会很疼吧？"

我在百度上查了查，稍稍地放心了一些。

"没事，就是一次大的输血而已，不会太疼的。"这是某网友的说法。我看似在安慰他，实则是在安慰我自己。

那段时间，每天早上天不亮就有护士来为我抽血，观察血常规，缺啥补啥。我输过两次血小板，淡黄色的，看起来浓稠又粘腻，一点也不像血。

我问护士："这是血小板吗？"我有点好奇，又担心她们太忙给拿错了。

"是，这个就是血小板。"她一边说话，一边帮我挂起来。我听到"血小板"三个字安然地从她嘴巴里蹦出来，才不再怀疑。

"怎么这个颜色？"我问。

"你希望是什么颜色？"她笑起来，"红的？"

我点点头。

"这个是从血液里提取的。"她解释道，接下来又核对了我的姓名和血型，就为我接上了。

我躺在床上，望着眼前这袋"来历不明"的液体，心里有种奇妙的快慰——要不是生病住院的话，我可能永远都没有机会知道，血小板其实是淡黄色的。

十一黄金周期间，小叔从外地回来了，和哥哥一块儿来医院看了我，我们隔着厚实的罩子讲话，我问他："怎么这个时候回来了？"

"你要做移植了，我能不回来吗？"

老实讲，"移植"这两个字总是莫名令我发怵。

"那你挣了多少钱？"我盘腿坐着，接过他递进来的香蕉。

"挣了两万多块钱，应付你今年的生活是过得去的啊。"

"你自己花吧，我们有钱的。"我提醒他。

他只是定定地看着我，然后不确定地说："你胖了，是胖了吧？"

我点点头，又摇摇头，把香蕉皮递给我爸。

"胖点好呢，以前就是太瘦了，风都能吹走。"他语气里似乎还透着点高兴，可能是猜想他离家的日子，我的伙食还不错。

我不知道该说些什么好，我爸就在一旁纠正他："不是胖，是浮肿，你看他整张脸到脖子都是肿的。"说完他便起身把手伸进来想佐证他的言论，我白了他一眼，又打了他的手腕，慌乱地往床头爬去。他就不抓我了，重新坐回去给小叔解释："不过这都不是什么大事，化疗都这样，以后治疗结束，会慢慢消的。"

小叔这才放下心来，又聊了会儿近况，就要离开了，临走前嘱咐我要多喝水，不爱喝水也要多吃点水果，好补充水分。我点点头，让他不要担心我，在家好好休息，不要总是往医院跑。对我而言，小叔总是能让我切身体会到一种家人的温暖，或许是因为他明明只是叔叔，可给予的关怀总是大大超出我的预料。小时候，父母过年不回家，我被其他的大人和小孩合伙笑话是野孩子，偷偷抹掉眼泪往家里跑，也是他背着我去镇上买新衣服，吃烤火腿肠，我站在烟雾缭绕的烧烤摊前，看得专心致志，鼻腔里满是好闻的油烟味，连哭泣都忘了个精光。

后来我慢慢地长大，依旧怕生，看似柔软沉静，可内里却隐匿着一种目空一切的孤傲，终于成长为一个不那么讨喜的小孩。高中时代的一次年关（现在想来我与家人的多数交集都发生在过年期间），一大早小叔要出门走亲戚，难得穿了一身西装，他身材在一堆争先恐后发福的中年人里算是十分纤瘦的了，正装穿起来很是合宜。可即便我对西装一无所知，也能明显地感觉到他身上穿的不是什么好东西，无论是剪裁还是布料，看起来都别扭极了。

我说：“小叔，等我以后有钱了给你买套好的。”

“好啊，那我等着。”他不好意思地摸摸后脑勺，看样子开心极了，对此深信不疑。

旁边的我爸也笑起来：“你用什么买啊？”

“用钱呗，我以后工作了就有钱了，一个月不行就两个月。”我那时讲得信誓旦旦的，有可能大家都信了，也许只是一笑置之，但我是认真地将它当作了一个曾经的约定，那时是，现在也是，即便兑现的时刻看起来遥遥无期。我是真心希望小叔能够幸福一点，他值得。

小叔离开后的下午，我接到了胖丁的电话。我开始化疗后，我们就没再见过了，只是常常在社交软件上疏离地问候。她似乎专挑深夜发来消息，而我睡觉素有关机的习惯，只能在第二天起床后回复她，对话框里的时间总是间隔得很久，看起来像自说自话，寂寥极了。我想不见面是好的，我们还能像以往那般开些无伤大雅的玩笑，她也只能凭借她贫瘠的想象力猜测我光头的样子，不见面，就好像一切都没有发生过。

我一边听她讲话，一边剪着脚趾甲，指甲刀是我从护士站借来的，一会儿还要还回去。我爸见我忙得很，就想要帮忙，我当然不肯，从小到大我的脚趾甲还没让其他人剪过呢，小时候洗完脚，只需在水里一泡，趾甲便软了，轻易就能给剥下来。我利索地拒绝他，可后来实在是顾此失彼，只好交给我爸了。

他一剪刀下去我就叫起来："你剪到我的肉了。"

我爸笑："剪浅了过不了两天又会长出来。"

"那你明天还要吃饭呢，怎么不今天就把后天和大后天的饭全部吃掉？"我反驳他。他无话可说，只好安心剪趾甲去了。

胖丁在电话里问我怎么了，我说没事，我爸给我剪趾甲呢。

她就在那头笑起来，听起来中气十足，一点也没瘦的样子。我没头没脑地跟着她笑，笑完又问她："你笑什么？"

她说："没什么啊，就是感觉好萌。"

我们又说了很多乱七八糟的话，想到什么说什么，东一句西一句的，有时会突然卡住，然后滋生出片刻的沉默，这种沉默令我无所适从。我给她推荐东野圭吾的《白夜行》，那是我住院期间看完的一本书。怕她不看，又补充说："我以前是完全不看推理小说的，总觉得不属于正统文学的范畴，可这本书把我脸都打肿了，是我有眼无珠，真的是太好看了。你一定要看，不看你肯定会后悔的。"

我讲得热情洋溢，可她依旧是慢悠悠的。在手机被迫连接起的两端，我能想象出她散漫的样子。"我不喜欢日本人写的书，总觉得语感很奇怪。"她说。

"你去看《白夜行》嘛，一定不会失望的。"我仍旧不放弃，要是当年愿意把这种劲头用在学习上，说不定能考取一所好大学。

"我看过一点，看不下去放一边了。"

············

谈话就此陷入胶着，我一时竟不知该说些什么才好。与好朋友见面，即便什么都不讲，各自做自己的事，我也不会有惊觉"尴尬"的时刻。可打电话就不一样，我常常接到朋友无关紧要的闲聊电话，明明是对方打过来的，我却如临大敌，硬着头皮不停地发问，好填补那些随时都有可能会出现的刹那空白。那阵沉默是催生尴尬的源头，超过三秒在我看来便是挂电话的时候了，再聊下去也只是在死胡同里打转。通常这种时候我会有点自责，觉得未尽到"地主之谊"，是个不会聊天的人。

"你还好吗？"最后她依旧不落俗套地问我。

"嗯，挺好的。"我回答。这个问题在过去的几个月里被不同的人提及无数次，可我不觉得厌烦，我也不能厌烦，他们只是无能为力罢了。"这是最后一次化疗了，等过几天采集完干细胞，就要进舱做移植了。"

"大概多久呢？"她问道。关于移植的事，我曾经向她说起过。

"你是说在舱里吗？"

"嗯，是啊，不然呢？"

"大概一个月吧，顺利的话，医生说的。可医生也说了，不顺利时间往后延也有可能的。你知道的，医生讲话一向都是很严谨的……"

"那我去找你玩吧。"她提议道。

"不用了，"我拒绝，"这段时间状态挺差的。"我说的是实话，之前的几次化疗都远不如这一次痛苦，我能明显感受到自己力不从心。

"等我好一点我去找你们玩吧，到时候请你们吃饭。"我稍微给了自己一点向往。

"那一言为定喽，"她听起来挺期待的，"我们四个上一次约还是三月份呢。"

我有点惊讶："都这么久了，你们三个就没出来聚聚吗？"

"没有啊，"她说，"你不在，总觉得我们聚不起来了。"

"天呐，你们是有多离不开我，我也太重要了吧！"

"屁呀，少自作多情了。"

"那下次见喽。"此话一出，我便惊觉挂电话的时机真的到了，这大概是人与人之间不必言说的默契。

"嗯，下次见。"

我拿着手机，坐在床上怅然若失。看看通话时间，这通电话打了一个多小时，我爸的好奇大概在开头的几分钟里就已经达到顶峰，可又不好公然打断我，只好强忍着听我讲完。

"谁啊？"他忙不迭地问。

"朋友呗。"我随口一回。

见他还是一脸好奇，我又补充："是胖丁。"

他这才舒服了。"她可真是个好孩子呢。"他夸道。

我不理他，我已经在想下次见面要点什么菜了。

�

　　距离采集干细胞的日子越来越近，我一面暗自期待那一天赶紧到来，好尽快回家，从这寡淡的日常中抽离出来，一面又还是恐惧，害怕失去每日的风平浪静。

　　有一天，主治医生不在，是隔壁床的医生负责查房，他突然问我："骨头疼吗？"

　　我愣了一下，茫然地看着他，心里开始打鼓，一边仔仔细细地回忆，一边又拿不准他的说法——疼是好的征兆吗？难道他从我的检查报告里看出了什么不得了的蹊跷？这病房里住着好几位骨髓瘤的病人，不禁让我开始疑神疑鬼。我希望可以给他一个满意的答案，可确实没有哪里不舒服，只好如实相告："不疼。"我摇摇头。

　　他看了看我的血液报告说："应该就是这两天就要开始采集了，你好好休息。"

　　我点点头，心里依旧在纠结关于疼的事情。那一整天，我都比往日要忧心忡忡，我小心翼翼地感知着身体里再细小不过的变化，也还是始终无法捕捉到疼痛，直到我几乎快要忘记它，它才在某一个稍稍卸下心防的时刻姗姗来迟。

　　那时我已经洗完澡平躺在床上，等其他病人打完针，病房里的大灯关闭，我就能睡觉了。仿佛是蓄谋已久，我才翻了个身，后背脊椎骨下方的位置就开始疼起来。起初我以为疼一下就过去了，我爸正在看电视，我不想兴师动众。我紧接着又翻了个身，想找个合适的姿势抑制它，可它也顽固得很，死死地停滞在那一处不愿离开。

没办法，我想了想，只好叫我爸。我告诉他："我后面的骨头有点痛。"我开始有点怕了，一切正如早上的那位医生所料。

我爸连忙去医生办公室找教授，可那个时候教授已经下班了，恰巧值班医生是早上查房的那位。我爸去了很久，回来的时候脸色如常，让我稍微镇定了一些。

"没什么事，"他的语气听起来云淡风轻，"是在长白细胞，长白细胞的时候骨头就会疼。"

我想起这些天每日都会注射升白细胞的针剂，又追问道："为什么要一直升白细胞呢？"

"我问了，他说干细胞主要是在白细胞里面，所以要把你的白细胞升到正常人的好多倍才行。"

我这才如释重负，彻底放心下来。后背还在疼着，可我已经不在乎了，疼就疼吧，反正死不了，我先睡了。

第二天照例天还没亮，就有晚班护士赶在下班之前为我抽了血，吃完早餐没过多久，血液检查的各项指标就出来了。教授查房的时候对我说，可以进行干细胞采集了。我看着他说出这句话，有片刻的失神，心里却出奇地平静，像高考来临的前一晚，近在咫尺却矛盾着。

"可我们本院区的机器坏了，正在修，今天你要到光谷院区去采集。"他接着说道。

这下我就有点抗拒了，不只是我，我爸也是。光谷院区离本部很远，我平时连出入病房都谨小慎微，生怕感染了，再加上晕车，身体也不太好，所以自然对这个提议感到不满意。

我爸问："那我们等机器修好明天采集行吗？"

"不行，错过这个峰值又要重新动员的，今天必须采。"

我便不再多说什么，老老实实地换好便服，等到负责采集干细胞的工作人员过来，我们就跟着她出发去往光谷院区。医院本来是有专用的大巴车在各个院区之间通行的，可我们错过了时间，大巴车已经开走了。

我问："下一趟是什么时候？"

她回答："我们不坐大巴去，教授自费给你打了一辆车。"果然，我们跟在她后面走出医院，已经有一辆出租车在外面等候多时了。

那一天的交通似乎格外拥堵，我的晕车症在武汉公交的试炼下本来已经好多了，此时可能因为身体虚弱的关系，没有多余的心力去抵抗它。我一路昏昏沉沉，有时候睁开眼，发现车子停在陌生的高架上，周遭荒凉凋敝，能听到我爸说要把车费还给教授，工作人员说不用了。

平时几十分钟的车程，那次大概开了一个多小时。到达光谷院区的时候，老实讲，我被眼前的景象吓了一跳——我从未见过人如此之少的三甲医院，与本部摩肩接踵的盛况相比，这里连大厅都见不到几个人，导医台的护士因为无事可做看起来很清闲，整个医院让人感觉清静又平常，是十分难得的体验。我想，在这里住院，压力应该小很多吧。

我们乘着电梯上楼，住院部看起来也空无一人，我慌乱地找了一个没人的病房，趴在洗手间的马桶上吐了个痛快，人也顿时精神了不少。等我走进另一间没人的病房，工作人员已经拖来了一台叫不出名字的仪器，看起来笨重又高级。她拿出一整套新的软管连接在仪器上，然后开始调试，一切准备就绪，便让我躺在一张病床上。我知道"采干"就要开始了。

"我现在要在你的动脉上扎一针，因为这根血管很粗，到时候会采得很快。"

我点点头，然后就看到了她手里的针。有点惊悚，我从小到大都没见过这么粗的针头，大概是一枚小铁钉的粗细，针眼也特别大，连我这种时常"人畜不分"的近视眼都能够看得清楚。

"这针有点粗，"她无奈地笑笑，"扎的时候会有点疼，你忍着点，但你不能往后缩，免得扎歪了又得重扎。"

"那你把我的手腕按住吧，"我提议，"免得我情不自禁地往后缩。"

"嗯，好。"她又笑起来了。

"你现在先选一个舒服的姿势，一会儿采集的过程中你的手臂是不能动的。"

"大概多久呢？"我问。

"一个多小时到两个小时吧，今天先采这么多。"说完她便开始仔细地拍打按摩感知我的血管，好，"一招即中"。

不得不提，这枚针头扎进血管里的时候确实是有点疼，我的手腕虽然遵照个人意志想要往前接纳它，可身体自己却明显在往后缩，想要逃脱，我感受得到。好在很快就扎好了，眼前的这位工作人员人很好，手法也很娴熟，整个过程十分的顺利。

"好了好了，不要紧张，放轻松，马上就好了。

"你真是太棒了！

"你是我见过的最坚强的男孩子。"

全程她都用一副童稚化的口吻鼓励我，虽然听起来幼稚，但我却十分受用，我想她如果不做医护工作者，去教小朋友应该也擅长。

很快，红色的液体充满了细长的软管，缓缓地流向一只被高高挂起的输液袋里，医师等一切都正常运转，嘱咐了几句便出去了，房间里只剩下我和我爸两个人。我安静地躺在病床上，等待着时间一点点地流逝，内心的恐慌与焦虑也逐渐平息下来。"采干，也不过如此嘛。"这个想法出现的时候，我又劫后余生般地重新神气起来。时间一点一滴地过去，大概才进展了一个钟头，我的手腕已经开始有点酸了，可"不能动"的嘱咐在前，"最坚强的男孩子"人设也不能崩，只好默默地忍受着，强迫自己去想一些别的事情好分散注意力。

可似乎也于事无补。越到后期手腕就越酸，我偷偷地做了一些幅度微小的调整，像驾考一百米直行那样。时间在无声的等待中被拉得很长，一分一秒都变得无比深刻。最后医生进来宣布采干结束的那一刻，我像是一个气喘吁吁、终于抵达了终点的长跑运动员。

"嗯，今天采得还蛮多的，"她一边收拾一边说，"待会儿我们要拿去化验，如果细胞活性高的话，明天只采一点就可以了。"

"明天还是你吗？"我问。

"嗯，是我。"

"那就好。"

我点点头，道了谢，便尾随我爸出门去搭乘返回本部的班车。正午十二点已过，路况甚好，大巴坐着很舒服，不一会儿便到达了医院。

回到病房，刚好教授在和旁边的病人说些什么，他讲完看到我，便随口问道："回来了？"

我点点头，又像想起什么似的问道："对了，教授，我明天还要过去吗？"

"那要看今天机器修不修得好，要是修不好，明天再过去。你不要嫌麻烦，你麻烦，我们医务人员比你还要麻烦。"

他这句话听得我莫名其妙，最后我也只是看着他点了点头："嗯，好的。"

好在第二天机器还是修理妥当了，走出病房往右拐，采集室就在护士站的右手边，只隔着一条不算宽敞的走廊。我进去的时候，昨天的医师已经在里面了，她一见我就笑起来，说："来了。"

我点点头，也友好地一笑。

"化验的结果出来了，你的细胞活性很高，今天只需要采集一点就可以了。"

"真的吗？"

"那还有假。今天会比昨天舒服得多，不要紧张。"

我点点头，轻车熟路地在单人床上躺下来，特地挑了一个好让她顺手的姿势。

"昨天不好受吧？"她一边做准备工作一边问我，"今天只需要采集一点就 OK 了，年轻人就是好，细胞活性高。"

她按住我的手腕将针扎进去，一切都顺顺利利的。她也说到做到，在我的手腕还没怎么酸的时候，就进来将针头拔了下来，宣告采干彻底结束了。

"就这么点，够吗？"我问她。要是不够的话，下次又得重新做一次"动员"，我得避免重复花费不必要的钱才行。

"够了，绝对够了，这都是我们事先计算好的，你就放心吧。现在就给你拿过去培植，等你进舱以后，再回输到你的身体里。"她收拣物品，手法干脆利落。

"进舱之后要注意什么吗？"我问。

"一定要吃东西，"她回过头来看着我，认真地说，"后期肯定会吃不下去，想吐，可是一定要吃，那样才能尽早出来，能省不少钱的。"

我点点头，道完谢，一身轻松地回到了病房。当天下午，我和我爸就去了移植舱所在的楼层，想一探究竟。同济医院的血液内科也算是一个较大的科室，占据着内科大楼的三个楼层，分别是九楼、十楼和十一楼，我住在十一楼，移植舱就位于我的下面一层，十楼。

我们按下电梯，门打开，里面除了用蹩脚的普通话说着"同济物业为您服务，现在为您核对楼层……"的电梯阿姨外，空无一人。天气渐渐凉爽起来，电梯里的风扇照旧开着，傻乎乎地摇头晃脑，我找了一个它吹拂不到的地方站定，十楼就到了。

十楼与十一楼还是很不一样的，除了电梯间的椅子上坐了几个闲谈的人之外，大厅冷冷清清的，全然看不到散步的病人。可在医院里，至少对于我个人而言，冷清绝对是一件不可多得的好事。我们站在走廊上，小心翼翼地从一头走到另一头，移植舱的模样便在我心里有了一个大致的轮廓，虽然几位进了舱的病人都拉着窗帘，可我也能猜到几分——大概就是一间间独立的小房间罢了。

当初为什么取名为"移植舱"呢？"舱"给人一种逼仄与恐慌感，仿佛病人下一秒便要被强行拖到实验室做活标本，动弹不得、任人鱼肉。我心里犯着嘀咕，脚步却没有停下，走到下一个窗帘紧闭的窗口，一位大约三十岁的姐姐站在那里，听到脚步声便回头看到了我。我对着她轻轻一笑，算是打招呼了。

"要进舱了吗？"她问我，眼睛像兔子一样，看起来红红的。

"嗯，"我点点头，"做完了最后一次化疗，下次再过来就要进舱了。"

"不要怕，"她突然这么说，目光也跟着坚定起来，"里面就和外面一样，只是一个单独的小房间而已。"

那一刻，我看着她，心里升腾出一股莫名的柔情与感动，要知道，我们可素不相识啊。过去的几个月里，有很多人跟我说过"不要怕"，我一边微笑着回应他们，一边擅自觉得他们根本无法感同身受，他们懂什么呢，他们幸福得一无所知。

可她不一样，我看着她湿漉漉的眼睛，那里面有股奇妙的力量，让我觉得她是如此的可信，仿佛不是在鼓励我，而是在照本宣读一条既定的事实——"那只是一间再普通不过的房间罢了。"

"嗯。"我咬着嘴唇用力地点头，可当时只顾着点头了，事后有点后悔没说些什么，没能让她知道她给予了我多大的勇气。

出院的那天早上，我爸按照护士的指示去指定商店买了四套睡衣、两双拖鞋，若干条毛巾，还有其他一大堆琐碎的日用品。其中最令人浮想联翩的就数那一千个塑料袋了，那是给我如厕用的，移植舱里面没有洗手间，大小便都需要用塑料袋。

这些日用品需要先拿到蔡甸院区消毒，然后才能放进无菌的移植舱中，一位陌生的护士告诉我："省着点用。"

"什么意思？"我有点疑惑，虽然我猜到她指的可能是塑料袋。

"塑料袋呗，"果不其然，"用完就没有了。不过也没事，基本上都用不完的，最后出舱的时候会多出很多。"

"那会还给我吗？"我问。

"当然，我们要塑料袋干什么。"她仿佛听到一个天大的笑话。

我不好意思地点点头，等一切都处理妥当，我们便办理了出院，开开心心地回家去了。教授给了我两周的假期，说让我好好休息一番，然后就可以打电话预约进舱了。这两周的前半段时间里，我过得心安理得，看书追剧，吃吃喝喝，一点压力都没有，可当时日越来越近，我又像即将面对九月一号的小学生一般，惶恐起来。

一天下午，我躺在床上玩手机时，接到了一个陌生的电话。对方是血液内科十楼的护士，通知我说可以去医院了。我大惊："这么快，不是说休息两周的吗？"语气里有点失落。她说医院里的移植舱一直都很紧张的，你不来的话别人就进了。挂了电话，我给我爸说了一声，隔天一大早我们就收拾好东西启程去了医院。

进了医院，按照电话里护士的嘱托，找到责任护士，一切都按部就班地进行着，周围的人看起来很是忙碌，一副没空操心别人的样子。我清闲下来，仔细地打量起眼前所见的景象。这里和十一楼没有什么两样，连墙壁的颜色、房间的大致格局、公用微波炉的摆放位置，都与十一楼如出一辙。可我分明有点不适应。我看着眼前穿着白大褂来往的身影，找不到一张熟识的脸。这种感觉，像小学二年级升三年级，换了新的班主任一样。

我问我爸："我们以后还回十一楼吗？"

我爸说："当然要回去啊，以后痊愈了，每一年的复查，还是由我们之前的教授负责的。"

我点点头，转身去护士站左侧的秤上称了体重。

"五十八公斤。"我对负责记录的护士说。

一切都仿佛还是以前的样子。

第十二章 移植舱里的日子（上）

　　本以为进舱之前的手续会很麻烦，可似乎一切都比想象中顺利。入院的那个下午，在医生办公室里，我见到了接下来负责我的主治医生。是一位女医生，个子小小的，戴一副金丝边眼镜，看起来年纪轻轻，大约才三十多岁的模样，可总感觉来头不小——进门左侧墙壁上专家教授栏里就有她，听说每周还会定期出门诊。

　　她给我的第一印象就是细心，进舱前的准备工作和进舱后的注意事项以及治疗方案都讲得十分清楚，有我听不懂的专业术语，她便又组织更浅显的语言叙述一遍。我想着接下来负责我的医生是她，心里的戒备感顿时松懈了不少，像是分配到了脾气好的班主任一样。

"你进舱之前，我们会给你的随身物品做一次消毒，因为里面是无菌的，像是手机啊这类的，都可以拿进去的。"

"能带手机？"我有点不敢相信。听说是无菌舱，我老早就做好了最消极的打算，准备在里面清心寡欲枯坐一个月，没想到此刻竟然绝处逢生。

"当然可以，"她看着我的样子忍俊不禁，"手机啊，电脑啊，书啊，这些都可以带的。"

"书可以带？"我问。

"可以啊，"她点头，"你喜欢看书吗？"

"喜欢。"我说。

"不过书消起毒来会有点麻烦……"

"嗯，好。那不带了。"

等一切都归置妥当，我们走出医院，问曾经借宿过的小旅馆要了一间房，六十块钱，两张狭窄的单人床，没有洗手间和窗户。我睡一张，我爸妈睡一张，我也不担心我爸太胖会掉下去，因为他之前已经睡过一次了。

"这里住着还没医院的地板舒服。"我爸说。

以往我每次住院，他们两人就在医院的走廊里打地铺。医院是有床位出租的，三块钱一个晚上的折叠床，有点像运输伤患的担架，我爸租过几次就不租了，嚷着睡了之后第二天腰疼。后来他就去集市买了几块供小孩在上面爬着玩的泡沫垫，每次吃完晚饭，他们就把垫子铺开来，占好位置，等夜深一点便过去睡觉。

有不太熟识的保安对他们颇为不满，其实就是想让他们下楼去租床铺，他们也都当耳旁风一般从来不往心里去。

后来我爸离开武汉，我妈留下来照顾我。每次入院当天，我都会提醒她下楼去租床，她嘴上答应得好，可一次都没有去过，那几块泡沫地板，陪伴她度过了整个夏秋时节。不知是不是这个原因，她身上总是会痛，包里随身带着红花油。她在客厅里擦红花油的时候，时常会惹得小婶不高兴。小婶很少当面说些什么，但会用力地皱眉，鼻息里发出十分不耐烦的声响。我妈虽然耳朵不好，但眼力见儿十足，当即带着红花油移步电梯间，等窗子里的风消散它，再回家做饭。

"过不了几天就要进舱了，医院床位那么紧，不可能专门给我一张床住的。"我说。

我爸点点头，说："没床位就没床位，在这里住每天也要不了多少钱，就是有一个问题我要和你商量一下。你进舱之后，我们每天都是要负责送饭的，你是觉得我们在这附近租一个地方专门做饭好，还是在你哥那边做了饭之后送过来好？"

"其他的病人都是怎么来的？"我有点犹豫，各中原因我们三个人都懂。

"其他病人都是自己租房子，他们在这附近都是无亲无故的。"

我想了一下，说："你明天去问问教授，告诉他我们家离这儿一个多小时的车程，问问他送来的饭菜还能不能吃。"我记得今天护士发过一张舱内食谱，食材的选择与调味以及放置时间都非常苛刻。

"嗯，好，"我爸点点头，"要是可以，我们就继续麻烦他们一段时间，你哥和你小叔是绝不会说什么的，就是怕你小婶有意见。"

"嗯，我知道。"

趁他们去洗漱的时候，我在讨论组里给朋友们发了一条消息。

"过不了几天大概就要进舱了。"

胖丁大惊："这么快，我明天去找你吧。"

"不用了，给我灌一碗鸡汤就好。"

胖丁："生活不止眼前的苟且，还有诗和远方。"

我："……"

皮蛋："这一年里剩下的好运全都给你了，一定要好好的，出来约！"

第二天一早，我饿着肚子去做进舱前的常规检查，抽血、心电图、CT。直到走到这一步，我心里也依旧是毛毛的，怕检查滋生出什么新的事端，一切的努力与坚持付诸东流，又得回到原地从头来过。

好在没生出什么新的枝节，当天下午，我便进了舱。我跟在护士后面往走廊尽头的一扇小门走去，旁边是我爸牵着我，他的手越握越紧，看起来紧张极了。

到门口，护士打开门，他就不能跟着进来了。

"你不要害怕，你千万不要害怕，这没什么的。"他安慰我，更像是在安慰他自己。

我笑起来："我不害怕啊，就怕你怕。"

"我不怕的，我一点都不怕。"

等他说完这句话，门就关上了，房间里有一口浴缸，我在里面用棕色的药水清洗了身体，包括脸和头，我很怕它有毒，就一直把嘴巴抿得紧紧的。护士打开房间里的另一扇门，一条狭长的走廊映入眼帘。可能是里面暖气太足的缘故，我整个人昏昏沉沉，需要人搀扶着才能往前走。

很快，护士就扶着我走进了房间，交代了一些日常琐事：塑料袋的存放地点；平时不用的时候也尽量多套几个袋子在座便器上；生活垃圾放在门口就好，会有人来收拾，无论如何都不要走出这扇门；吃饭之前和上完厕所一定要洗手，由于这里没有流水，所以记得用洗手液仔细地搓一遍……

我认真地记下护士的叮嘱，等到她离开，我才仔细地打量起房间来。麻雀虽小却五脏俱全，周边的一切都由那张病床延伸开去。床尾隔着一条小过道的桌子上，放着一台电视机，电视机上方的墙壁上挂着一面钟，床右侧靠近门一点的地方，是一处正方体的空间，镶嵌在墙体里，里外各有一扇门，以后的每一天，护士们都会从这里将我的一日三餐放进来。

我挺满意的，这里比以前住过的任何病房都要令人愉快。

这时床头柜上的电话响了起来，是我爸。

"你把窗帘拉开。"他说。我照做，他的身影便出现了。我们隔着才一米多一点的距离，却需要借助电话交流，也不知他会不会觉得自己像是在探监。

"里面还好吗？"他问。

"嗯，挺好的。"

"我问过教授了，教授说可以，以后我们就在家做饭，然后每天给你送过来，就是早餐可能来不及。"

"没事，早餐给我在医院订个馒头就行。"

"只要个馒头吗？订个鸡蛋羹吧，馒头哪里有营养……"

我见话题可能又得围绕"营养"一路拓展，连忙收线："好了好了，你快回去吧。"

说完便挂了电话，匆匆拉上了窗帘。

✻

舱里的日子尽管寡淡，却十分适宜病人休养。每天一大早，就有负责清扫的护士穿上绿色的无菌服"挨家挨户"打扫房间。一进门，她们便拿脸盆打水，再往水里投放些消毒液，给病人擦洗身体用。按照规矩，到了下午，她们还会再来一次。

病房里的那台电视机，我鲜少打开。住进来的那个下午，护士就把消过毒的电脑和手机拿过来了，这一个月的时间即便越往后越难捱，我想着电脑里有不少的电影和美剧，应该也不至于沦落到冥想打坐的地步。

消完毒的当天，发生了一段小插曲，算是整个进舱过程里唯一的小波折——手机进水了，明显看得到一团水渍在屏幕底下缓缓地洇开去，所到之处皆发出彩色的光，有点花花的。

"手机怎么进水了？"我问。

"什么，进水了？"护士也很惊讶，她戴着口罩，听声音是个年轻女孩，留着一点儿空气刘海。

"嗯，不信你看。"我把手机递给她，那团水渍依旧在扩大。

"你手机什么牌子？"她问我。

"iPhone 啊。"

"那你是假 iPhone 吧。我们都是 iPhone，进来的时候都要消毒的，没一个进过水。"

"不是啦，"我隔着屏幕擦了擦，依旧于事无补，"前几天摔了一次，右下角裂了一条缝，从那儿跑进去的。"

"你怎么不早说呢？"她的语气听起来有点惋惜。

"我哪里知道你们是液体消毒，我还以为是什么更高科技的方式呢。"

她听我说完笑了一下，虽然隔着口罩，看不清她的脸，但还是能感觉到她有点尴尬。

"我现在有点不好意思。"她说。

"没事啦，又不关你的事。"

"你几岁了？"她一边拖地一边问。等我报上年纪，她又笑起来，方才的芥蒂好似消解了不少："我比你大两岁，下次你得叫我姐。"

等到下次再轮到她拖地的时候，她估计也将"要叫姐"这事忘得差不多了，一进门便问我："你手机好了没？"

"嗯……可以用。"

"你放心，那个是酒精，它会慢慢挥发的。"

可能是考虑到舱里的病人一天到晚也见不着几个人，每次护士过来拖地，都会使劲儿地找话题陪病人聊上几句。我想她们的工作也不易，毕竟不是每个人都能自如地和陌生人谈天。她倒是很爱说话。

"你觉得娱乐圈哪个女明星最漂亮？"她问我。

"只看脸吗？"我想了一会儿，"应该是 Angelababy 吧。"我说。

"你们男生怎么都觉得 baby 漂亮啊？"

"她不漂亮吗？"我又问。

"她是蛮漂亮的，可总觉得……"她想了想，又重新说，"她是漂亮，可是如果有人问我谁最漂亮，我肯定不会想到她。我们女生都觉得刘亦菲更漂亮。"

"嗯，刘亦菲也还好。"我点头。

"刘亦菲怎么能用还好来形容，刘亦菲好漂亮的。"

接下来她又列举了古力娜扎、迪丽热巴等一众当红小花旦，得到"漂亮"的答复后，她才对我的审美有那么一点认同起来。

除了她以外，每天负责拖地、打水供病人擦洗的还有另外几位护士，清一色的 90 后。其中一位高高瘦瘦的护士给人的感觉很靠谱，每次进门都会问我有没有哪里不舒服，然后再给我讲解舱内的注意事项，以及下一阶段有可能会出现的情况。

"还会拉肚子？"我有点吃惊。

"是啊，一天拉十几次的都不少呢。"

"啧啧。"我瘪瘪嘴，心想一定不能做那种病人。

"所以要特别注意，上完厕所、吃饭之前都要勤洗手，你现在抵抗力特别差，容易感染的。"

我点点头，将她的话牢牢地记在了心里。

事实上，进舱之后的前几天我一切都挺好的。我爸送进来的饭菜全部都能吃完，一天就看完了前两季的《黑镜》，并打定主意每天都要写两千字的小说。那时《流淌的时钟》大概写到了五万多字，我想，一个多月的时间，又是这等寡淡乏味的环境，到时候肯定成果斐然。可天不遂人愿。

我的主治医生也和负责打扫的护士一样，每天上班后和下班前都会过来看看我。有时候只是看看，问声好就走，有时候也会讲讲现在的情况以及下一阶段的计划。

"这几天我们会给你打一些常规的输液，让你的身体'水化'，也还会有化疗，强度会比你以往的要大一点。但没事的，你不用担心，大家都是这么过来的，你又年轻。"

我点点头。"没事的，反正你年轻。"这句话在入院以来被提过无数次，有时候真的让我相信年轻的生命无所畏惧，除了穷了点……

好在一切都按部就班地进行着，医生是，我也是。这种清闲大概持续到第四天，一大早起床我就觉得头有点晕，就想趁机偷个懒，想着今天不写小说了，今天的两千字匀给明天好了。这样的念头在脑海里萌发的那一刻，身体一下子轻松了不少。

早餐已经送过来了，就放在那口四方的柜子里，我打开柜门，觉得轻而易举便能拿起它。可它显然比我想象中要重那么一点，下一秒，这盒装得满满当当的鸡蛋羹就洒脱地往地上摔了下去，弄得地板脏兮兮的。我连忙抽了几张纸巾蹲下来把它们拢到一块儿，可这样也不是办法，到时候拖地的护士进来，看到这个惊喜想必是不会开心的。

于是我拿起床头的电话打给舱里面的护士站。

"不好意思啊，我把一碗鸡蛋羹洒地上了……"我说。

"洒地上了？你人没事吧？"护士问。

"嗯，我没事。"

"那就好，你放那儿，待会儿会有人进去收拾的，你好好休息啊。"

"嗯，好，谢谢啊。"

放下电话不久，那位负责打扫的高高瘦瘦的护士就进来了。我给她道歉，她说没事，麻利地处理完，便出去了。不一会儿，她又回来了，把门打开一条缝，说："你早餐全洒了，你吃什么啊？"

"不用了，我不饿。"

"那怎么行，你爸有放什么吃的在这里吗？"她问。

我摇摇头。

"那我去隔壁房间给你借个面包吧。"她说完就要走。

我连忙叫住她："不用了。"我一向没有吃早餐的习惯。突然我想起来："对了，我爸买过几盒果汁放在你们那里，要不你给我加热一盒果汁吧。"我说。

"就一盒果汁吗？"她问。

"嗯。"我点点头。

"那好，你等着。"

舱里的饮食控制得十分严格，水果和果汁都需要加热后才能食用，我喝完那碗苦苦的热橙汁，想打开电脑看会儿美剧，可发现只要一盯屏幕人就昏昏沉沉的，于是马上合上电脑，关了灯，睡了过去。

✤

"怎么这么黑啊。"护士推门进来，随手打开了房间里的灯。

"洗澡喽。"我听见她这么说，才迷迷糊糊地睁眼起身，随口问了一句："这么快就已经下午了吗？"舱内一天到晚都拉着窗帘，时间的流逝也因此而无迹可寻。

"下午？"她有点惊诧，随即又笑了起来，"现在才早上啦。"

我摸出枕头底下的手机，的确九点刚过，天气预报显示的是正圆的太阳，想来应该是日光充沛的一天。我有点尴尬地抓抓后脑勺："嘿嘿，睡迷糊了。"

"没事，先洗脸吧。"

她照例在脸盆里倒入了一些消毒水，我拿着毛巾搅匀，毛巾上便也染了一层浅浅的棕色，看起来脏脏的，像刚擦过兑了水的酱油渍。舱内各个物件的分工都极其明确，盆有两个，一个用来洗脸，另一个擦洗身体。为确保卫生，每次清洗之前，都需要在盆上套一层塑料袋，像超市里三毛钱一只的那种袋子，厚厚的，抖开来会有"撕拉"的声响。

等我擦完身体转过来，想把脚放进盆里的时候，她像是突然注意到了什么，说："你脚怎么了？"

"嗯？"我低头，这才发现脚背上不知什么时候生出了两个大水泡，饱满轻盈，水汪汪的，摸起来很软。

"可能是刚刚烫到了。"她说。

我点头。

"你洗的时候得慢一点，别把它弄破了，"她嘱咐道，"我待会儿和管床护士说一声，让她们进来给你擦药。"

"嗯，谢谢啊。"

等我洗完澡靠在床上，她又得开始打扫房间了。她一边拖地一边和我聊天："这几天感觉怎么样？"

"还好，也没有哪里不舒服的。"

"要多吃一点，趁这几天还能吃下去。"

她拖完地，又将桌子上的热水壶灌满水，将垃圾桶里的袋子直接拎起，把换洗的衣服和毛巾也打包好，临走前还给我的坐便器与尿壶多套了几层袋子。

"要关灯吗？"出门前她回头问我。

"不用了，"我笑笑，"明天见。"

"下午我还会来的。"

"噢噢，我又忘了……"

她走后没过多久，便有护士倚着门张望。她伸进头来叫我，身体还留在门外："听说脚上烫伤了？"

我点点头。

"来，我看看。"

我走下床将脚背抬到她的面前。

"哎呀，都起水泡了。"

"整碗鸡蛋羹都翻在你脚上了吗？"她仿佛有点心痛，看样子已经当过妈了。

"不是，翻在地上，但有些溅到我脚上了。"

"没办法，细皮嫩肉的。"她笑起来。"没事的，你用桌子上那盒药膏擦一下，就是平时得小心一点，别把它弄破了。"

我点点头，她又接着说："这几天要好好休息，多吃饭，能吃下多少是多少，过不了几天就要回输了。"

"回输"就是将之前采集的干细胞通过输液的方式让它重新回到我的血管里，等到它逐渐与我的身体相互接纳，移植便完成了。这听起来十分容易，可我仍不敢保证这一过程会一帆风顺。

每天，我爸过来送饭的时候，都会要求我打开窗帘，说想见见我。窗帘和我的床铺隔着一条小小过道，我需要爬起来，扑到最边缘的地方，扶着护栏去拉开它，时间一久，便懒得动了。

"昨天不是才见过吗？"我说。

"昨天是昨天，今天是今天。"他不依不饶。

我拗不过他，只好起身去拉窗帘。还好窗帘仿佛装了轮子一样，稍微一拨，便听话地从一端滑向另一端。

"这几天的菜还合胃口吗？"隔着玻璃，他目不转睛地看着我。

"嗯，还好，就是太多了，我吃不完。以后少装一点，都浪费了。"

"吃不完就倒掉，又不是什么好东西，就是担心你吃不饱。"

"好了好了，看够了快走吧。"我催促他离开。

他这才像了却了一桩心愿似的，心满意足地搭乘一个多小时的公交回家去，张罗起下一顿的饭菜。有时候，他还会大发慈悲地带我妈来一次。我妈整天关在家里料理我的饭菜，数日不见，很想我，吵着要来。我爸说："去那么多人干吗，他好得很，你好好做饭就好。"

彼时，他们就站在我的对面，等我爸说完，我妈才有机会拿起听筒，早就一副迫不及待的样子。

"你这几天还好吗？"她笑着问我。

"好啊。"我不自觉地提高音量，就怕她听不清。

"好就好，想吃什么就跟我们说。"

我点点头，隔着厚实的玻璃，她依旧是那副我熟悉的笑容。

"那你好好休息，我们先回去了。"

我们都不善表达，即便甚是想念，开口也只能说出"这几天吃得好吗"这类听起来敷衍又无济于事的话。可仿佛只要说了话，即便无关痛痒，他们就能心安下来。

我有片刻快乐而恍惚，感觉我妈的听力好像比之前稍微好了一点。这样的想法才萌生，还来不及求证，便听见我爸说："你哥给你妈买了个助听器，以后等你好了，我们要好好报答他们。"我往一旁挪了挪脑袋，就看见了那个老老实实挂在她耳朵上的东西，像一块丑陋的伤疤，昭告天下似的，让我沉默了下来。

那一点都不适合她。

慢慢地，我开始吃得越来越少，食欲消退，身体乏力。有时候耐着恶心吃完了一碗鸡蛋羹，放下碗，顷刻间便感觉喉头处山呼海啸，一股脑地全吐在了一旁的垃圾桶里。护士告诉我，吃鸡蛋恶心的话，可以换一下清淡的食物，于是我又让我爸每天给我订一个馒头就行。

只要是食物，进舱之后无一例外都会进行二次加热，馒头在微波炉里转过一遭之后，坚硬如铁，我时常需要撕开它四面八方的皮，才能吃到那一小团热乎乎又柔软的内核。那时候我吃得不多，可是为了养精蓄锐，每天都会强迫自己吃一点食物下去，护士嘱咐我，不要吃得太多，吃到一个想要吐的临界点，就别吃了，不然吃了也白吃。我牢记她的话，逐渐熟稔起胃肠的秉性，仿佛一场投机取巧的博弈，我渐渐地在那一小段范围里收放自如。

这样的日子在一周之后宣告结束了。十一月七日，我开始回输。透过那扇大玻璃窗子看向走廊，几袋红色的血模样的液体高挂在房间外的挂钩上，舱内的输液器都会加一根数米的延长管，好让我们在输液的时候依旧能在房间里活动自如，也方便护士换药。只有这一天的输液全部结束，护士才会穿上无菌服，进病房替病人封管。

回输之前医生告诉我："这几袋很快就打完了，中间可能嗓子会有点不舒服，这是正常的，坚持一下，有什么问题随时和我们说。"

我靠在床头，想着医生还真是料事如神。输液开始没多久，我的喉咙就开始不适起来，并无明显的痛感，可是却比疼痛更让人觉得大事不妙。很痒，喉头处仿佛塞了一颗石子，让人不由自主地想要咽口水，妄图一口将它吞进肚子里去。可越是这样，就越发觉得深处的"石子"开始具象起来，它就那么堵在那里，一动也不动。

好在干细胞被分成一小包一小包地装着，每每忍耐着输完一包，心里便松一口气，像是翻过了一座大山，觉得离目的地又近了一步。好不容易大功告成，护士进来替我封管，说："这几天尽量吃流食，会舒服一些。"

我点点头，想着真正的试炼现在才刚刚开始。

第十三章
移植舱里的日子（下）

　　很多时候，我习惯性地将希望寄托于夜晚。睡眠是一件十分神奇的事，小时候背古诗，临睡前多读几遍，隔日起床，惊奇地发现那些生涩的诗句竟然都烂熟于心，只要念出第一句，剩下的便都自行脱口而出，奇怪到骇人。这还不止，遇到尚能忍受的痛苦，睡一觉，第二天也能神清气爽。我时常疑心夜晚是不是有什么高深莫测的神祇，但也不敢随便声张，害怕他一旦发觉我其实知道他的存在，就会躲得远远的，再也不给我多余的照拂。

　　可这次却很不一样。回输完成的那一天晚上，我平静地睡了一觉，等到第二天醒来，想着情况应该会有所好转，事实却全然不如所愿。我试探性地咳了一下，又咽了口口水，发现先前的"异物感"更明显了。早餐时间护士送来了馒头，我等它稍微凉一些，一层层地剥开来，中间部位的热乎劲儿还没过去，无论是颜色、温度还是触感，它都称得上是一个不可多得的好馒头，可我根本吞不下去。

每吃一口，我都得不停地咀嚼，直到唾液激发出馒头里隐秘的甜味继而又消失不见，但就是不敢贸然咽下去。咽喉处抵着一座大山，每吞一口，身体都会不由自主地绷直，仿佛生吞了一整颗板栗。以前，我从来没想过有一天吃饭会成为一件如此困难和煎熬的事，可实际情况是舱里的生活几乎得寸进尺似的挑战着我的下线。

医生如常地问我："一切都还好吧？"

我点点头，又补充说："就是喉咙痛。"

"是不是感觉像有什么东西卡在那里？"

"嗯。"我没料到一切都在她的掌控之中，忙不迭地点头。

"是正常现象，回输之后患者都会经历这个过程。"

在我整个治疗过程中，"是正常现象"这句话支撑我走过一个又一个狭隘的关口，我想既然别人都可以坚持下去，我也一定可以，总会挨到疼痛退却，像正常人一样生活的那一天。

"会有一个黏膜炎，现在是在你的喉咙，可能过一段时间，会慢慢地侵犯你的胃肠，所以后期你还可能会拉肚子、发烧，这些都是正常的。"她最后的这句话让我有一丝松懈下来。

我问："每个人都会有吗？"

"这也不一定，应该说百分之九十的人都会有。等到干细胞在你的体内植活，白细胞一旦长起来，这些症状统统都会消失。现在我们还只是播种子的阶段，等它发芽了一切就都好了。"

"那要多久呢？"

"大概二十天。"

我点点头，对大致的过程有一点眉目，才好心无旁骛地忍受它。我想做那剩下的百分之十的人，可我运气一向不好，转发才几十人的微博抽奖也从来没中过。

中午，我爸给我送来了稀饭，我从柜子里拿出来，事先没有准备，差点翻倒，完全不似稀饭应该有的重量。打开来，看不到一点儿水，大米们纷纷喝成了胖子，黏糊糊的，挨个儿挤在一起。

我有点生气了："说好的稀饭呢？"

"这就是稀饭啊。"我爸还嘴硬。

"这哪里稀了？我跟你说了多少次了，我吞不下去。"

"还不是怕你饿啊。"

"能不能我要什么你就给我什么？"我有点发火了，"不要自作主张可不可以，住在里面的是我，什么吃得下去也只有我自己知道。"我自顾自地挂了电话，又拉上窗帘，不一会儿，电话又响了起来，我索性将电话线也拔了。

我上了高中之后有了手机，常常会不接他的电话，这种情况在大学更甚，现在想来那时可能只是潜意识里蓄谋已久的报复而已。我小学的时候，究竟多小我记不清了，只记得那时家里还没安装固定电话，打电话和接电话都需要跑到村子里一户有电话的人家，打一次两块钱。

那时，我已经从旁人口中得知我爸在外面有其他的女人。也许是觉得我还小，大人们讲起他的风流韵事，从来都不会避讳我。可是我什么都听得懂，心里像是堵了一团东西，老闷闷不乐的。奶奶特别宠他，对我总是又打又骂，有时候奶奶良心发现，会在电话里说他两句，我就站在旁边听。往往才三言两语，他便不乐意了："哎呀哎呀，我知道了，不说了。"

可是他知道什么呢，他什么都不知道的。

他总是习惯这样突然挂断电话，时间一长，那些根本没有机会让我好好说出口的怒火，只好逐渐在我的心里堆积下来，可他依旧一无所知。他照例会在父爱泛滥想起儿子的时候打来电话，像什么事都没有发生过一样，说着"爸爸很想你"，我厌恶极了，什么好事都给他占了，这样不对。

很多时候我根本不想去接他的电话，可我又不得不去，否则奶奶会对我破口大骂，严重时还会揍我。那时她比现在年轻十多岁，还是个护子心切、脾气暴躁的老妇人。我三岁起就跟着她，婆孙二人相伴而行的旧时光温柔而绵长，现在记得的大多是她高亢的嗓门和我生病时她茶饭不思的情景。至于她的暴力行径，只消一句老人们引以为傲的"棍棒底下出孝子"便可释怀。

可我对我爸就不一样了，他是生我却无法养育我的人，我嘴上宽慰着"你们也是为了生活"，心里却始终无法真正大度起来。我瞧不起对家庭不忠的人，可遗憾的是，我父亲就是。

下午洗完澡，在床上躺了会儿，护士就将饭菜送来了。打开盖子，一整碗黏稠的米汤，我用勺子搅了一圈，为数不多的米粒才逐渐浮上来。我看着那幅合得严严实实的不透光的蓝色窗帘，想着我爸也许正站在外面。电话线的长尾巴从桌子上垂下来，寂寂无声。

　　夜里我总是睡得很早，有时候会开着电视机看几个熟悉的广告打发时间。我把身体稍稍地支起，后脑勺靠着柔软的枕头，觉得平静又安稳。舱里的隔音显然不太好，隔壁房的病友爱在夜深人静时开很大的外音播放戏曲，听得我苦不堪言。后来时间一长，我也学乖了，我睡眠深得很，只要早早地入梦，即便是打雷也无法使我惊醒。这一天我还没关灯，就接到了我爸的电话。

　　"吃饱了吗今天？"他问我。

　　"嗯，挺好的。"我回答。

　　"那就好，早点休息。"

　　我知道我就这样原谅了他。上午的怒气早就消失殆尽，可那层窗户纸还是得由他亲自来捅破，只有这样，隔天他才有自信如常地执意让我拉开窗帘，才能继续他那些一无是处又不可或缺的关怀。

　　一连几日，我的状态几乎是每况愈下。头晕乏力，口舌生疮，护士给我开了一瓶可食用的药水，我拿棉签沾湿，贴着患处含着。我已经好几天没拿出过电脑，更别提写小说了，之前的计划被耽搁下来，可我一点也不着急，想着即便没有身体本身的痛楚，我也应该会因为懒惰而打乱它。

虽然知道松懈一次就会陷入"明日复明日"的泥沼，可不努力的日子还是挺舒服的。

✿

当然，舒服也只是精神上的放纵滋生出的片刻愉悦，身体上的痛苦明显一日比一日强烈。我习惯了每天醒来都发现喉咙比前一天更疼了，渐渐地就心如止水。有时候恶向胆边生，破罐子破摔地想要知道疼痛的极限究竟是何种滋味。

负责我的主治医生上面还有一位更资深的教授，约莫六十的模样，却不显老态，大概是真的应了那句"腹有诗书气自华"。他很少亲自来舱里查房，可手底下医生的想法都需与他商榷，才能着手实施。

有一日早上，床头的电话响起来，让我把窗帘拉开。我还在疑心是谁，老教授的身影就出现在玻璃窗外，身后是每日都会见面的主治医师。

"这几天怎么样？"他普通话很好，语气温和，在老一辈的医生里不算多见的。

"嗯，"我点点头，"就是嗓子痛。"

我扬起脖子用手摸给他看。

"那没事，不用太在意。现在是一个黏膜炎，用药物也退不下去的，等干细胞在你体内植活，疼痛的症状就会自然而然地消失了。"

"现在不舒服吧？"他又问。

"嗯，而且吃不下东西。"

"那就尽量吃一点流食好了，比如果汁之类的。"

我把这番话原封不动地转告给我爸，医生的话他是十分听得进去的，这大概能称得上他为数不多的优点之一。我又仔细询问了舱里负责打扫的那位高瘦护士，折中一下，把午餐与晚餐都换成了红枣银耳汤。

这种汤水在我家人眼中算不上正餐，抗不了饥，也填不了饿，大多数时候，只是在冬夏时节当作饭后甜点来消弭嘴巴里的寂寥罢了，可眼下他们也不得不妥协。我依旧喝不下多少，怕吐出来，功亏一篑，所以总是能剩个一大碗。我让我爸少送些过来，他嘴上说着好，可隔日出现的餐盒里依旧是装得满满当当，时间一长，我也不好再多说些什么，任由他去了。

有一次他照例过来送汤，我们拉开窗帘说了几句，我得以有机会知道家人们的近况。

"你小叔，决定在武汉做点小生意了。"

"做什么呢？"我问。

"在一家新修建的菜场里，说是想做点杂货生意，就是卖点调料啊生姜大蒜这类的。我觉得挺好，找点事做，也不用闲着。"

"嗯，我也觉得挺好的。"我注意到他穿了一件黑色的棉袄，猜想冬天是不是已经悄然而至。

"你在里面好好的，我们都等着你出来呢。"

我点头，我也想好好的，可我好不了。

夜晚开始变得危机四伏。每次我伴着看不见的黎明苏醒，嗓子都干涩难耐，疼痛不堪。到后期，已经发展到咽口水都疼的地步。可越是如此我就越想咽口水，全然陷入自我磨折的死循环。

"你每天有下床活动吗？"护士进来封管的时候问我。

"有时候会。"我老实回答。

"要多下床活动，不然容易生痔疮的。你以前有痔疮吗？"

"我不知道。"我摇头。

她让我侧身，确定我没有痔疮之后，又给我涂了一点药膏。舱里的护士可能由于病人特殊，照料起来都会格外细心。有次我窗台上摆放的体温表不见了，护士进来找了好几次。我疑心她们可能怀疑是我偷拿了，等她们再次进来寻找的时候就解释："我没有拿你们的体温表。"她看都不看我一眼，床上床下继续翻找："不是说你拿了，是怕到时候体温表不小心碎了弄伤你。"听她说完我一阵脸红。

"还有哪里不舒服吗？"她又问道。

"嗓子痛，比昨天更厉害了，咽口水都痛。"

她显然也束手无策，只好安慰我："这很正常，过一段时间就好了。"

"这很正常"这句话此时已经完全给予不了我任何帮助，我在疼痛与虚弱面前丢盔弃甲，心想人要是每天都得如此过活，还不如死了算了。可过一段时间，又觉得生命诚可贵，钱也花了，苦也受了，说什么也得好好活下去。

桌子上摆了一整排外用药，在我进舱的那天就已经放在这里了，考虑到以后可能会用到，光是眼药水就有好几种。我想着开了也退不了，都已经算到药费里了，于是每日都按照说明书上的剂量使用。可对我而言，滴眼药水实在不是一件轻松的事。首先你得把脖子扬得和长颈鹿一样，还不一定滴得进去，有时候落在眼睛上，有时候落在下眼睑，运气好的时候正要滴进去，眼睛又情不自禁地闭起来……我学生时代为数不多的几次滴眼药水的经历，都是一个同学使劲撑着我的眼皮，另一个同学滴药，我像砧板上的鱼一般，走投无路，只好把心一横，借助那刹那的勇敢直面它。

此时也是如此。

我整日躺在床上，尽管喉咙依旧疼痛难耐，可我已不太想花费多余的精力去屈服于它，我开始看起电视，一个一个台转过去，好分散我的注意力。那时湖南卫视晚间正好在播出一部电视剧《咱们结婚吧》，每晚两集，挺难看的，连及格线都不到。可我还是按时追看，没有其他的原因，只是因为我靠着床头正对电视机的那个姿势太舒服了。医院大概到晚九点，系统便会自动关闭电视机，由此我常常只能追到一集，漏看的那一集只能盼着隔天下午的重播。

就这样一天一天地忍耐。几日过去，我能感觉到喉咙的痛感与之前相比有了适当的缓和，虽然那种古怪的异物感还在，可至少咽口水不疼了。我把这个消息告诉我爸，隔着厚厚的玻璃，我也能明显听到他在电话另一端舒了一口气。"都在慢慢变好……都在慢慢变好……那就好……那就好……"他反复地说着这几句，仿佛一切都只是虚惊一场。

"虚惊一场"可真是个美好的词呢，可一切还没完。喉咙才刚消停一会儿，我又开始拉肚子了。一开始只是感觉上厕所的次数变多了，直到下午护士过来例行询问，我才反应过来，这绝不正常。

我开始没完没了地往坐便器上套塑料袋，以备不时之需，可还是常常不够用。白天还好，一到夜里就苦不堪言。以前在微博上看女生们吐槽大姨妈，说夜里不敢睡得太熟，稍稍有点感觉就会立刻惊醒，不然隔天就得清洗一大堆衣物。我那时还不以为意，如今算是彻底体会到这种感受了，刻骨铭心。每次兀自惊醒，脑子里还一片空白，身体就已经机敏地翻身下床，往那个熟悉的地方奔赴而去……本以为已经熬过了大半夜，可看看时间，才十点刚过，眼睛眯得恍惚，却不敢睡觉，挨呀挨，不自觉地睡过去，再猛然惊醒……这样的突发事件，每晚都得来个五六次。

护士也很着急："每天这样怎么睡觉啊？"

拉肚子是一件让人格外乏力的事，再加上我本身进食得少，身体虚得不行，软绵绵的，有时候步伐都不稳。护士给我开了调节肠道的药，黄色的小药丸，几乎入口即化，跟着它一并服下的水经它一搅和，味极苦，难以下咽。可我又想到"良药苦口"这种叵测的老生常谈，皱着眉头忍忍也就过去了。

想来医生还真是料事如神，她预测过的症状，都无一例外地在我身上应验了。以前，我想做那"百分之十的例外"，可后来发现每个人都想做"例外"，到头来，没有一个人能"例外"。

❋

有天晚上我睡得迷迷糊糊，毫无征兆地又在半夜醒来，觉得头昏昏沉沉，立马想到可能发烧了。拿起床头的体温表一量，果不其然，三十八度五。我有点犹豫要不要告诉护士。住院部的退烧药我是领教过的，特别贵，连续打上一个礼拜价格就要近万，我自然不愿意去增加这额外的负担，暗自祈求一觉醒来第二天自行退烧，可又顾忌着作为患者该有的自觉。思前想后，还是给护士站拨了电话。

那时已是深更半夜，护士也只能嘱咐我多喝点热水，能退烧的。我是极不爱喝水的人，往常每到秋冬季，嘴唇定会干涸皱裂，无意识地拿手去撕，时常会流血，又痛又爽快。后来有人告诉我，每晚临睡前涂上一层厚厚的护唇膏，隔天起床会很滋润，我亲测后觉得效果甚好，可也常常会忘记。进舱之后，护士对我的嘱托之一就是多喝水。舱内是恒温状态，十分干燥，可我照例得过且过，觉得喝不喝水其实无妨，而且喉咙痛得厉害，下咽十分困难。

可眼下牵扯到经济，也由不得我了。新打的开水烫得厉害，我用两只杯子不停地互倒给它降温，最后一哽一哽地喝下大约六百毫升的水之后，才蒙上被子睡下。可第二天却毫无好转，我估计护士已经将情况向医生报告，在我的输液里加入了退烧药。我有点恨自己不争气，又得多花费一笔不小的费用了。

中午，我爸过来送饭的时候，我对此只字不提。告诉他也没什么用，只会让他瞎着急。好在他也没看出什么端倪，一个劲地给我讲小叔的店已经在装修了，一切都按部就班地进行着，语气里是藏不住的欣喜。他是长子，那个年代里成长起来的他，永远秉持着一腔"长兄如父"的热情，也正是这样的"多管闲事"，日后将我们这个孱弱的家庭重新撕裂开来。

可那都是后话了。彼时我正对着电视极力喝水，每咽下一口，都感觉像是吞下了一枚一毛的硬币，可我不想停止。刚刚护士进来和我说，隔壁的爷爷因为多喝开水的关系，发烧一下子就退下来了。我大喜，连老爷爷都能做到，我一定可以。于是一有空档，我便咕噜噜地灌下一杯热水。下午不知喝了多少杯，直到我看见水杯便沉默，这些水终于发挥效力了。一开始只是觉得房子在转，我马上躺下来，然后身体开始变得软绵绵的，全身暴汗，睡衣都湿透了。护士经过走廊瞥到我，急忙开门问："你怎么了？"

"我没有力气，浑身都是汗。"连讲话都是有气无力的。

她可能吓坏了，忙穿上无菌服进来看我。"可能是开始退烧了，退烧的时候会流汗。"

我面朝下趴在床上，只觉得这情形像极了住罩子床时觉得自己快要晕倒的那一次。这时，正好我爸过来送饭了，他打通电话，听我声音不对，要求我拉开窗帘，我身体完全支不起来，电话线被拉得好长。

"不了，我没力气，坐不起来，你先回去吧。"我说。

"我求你了，你就拉开给我看看吧。"

"你这人怎么那么自私啊！"我气急败坏地吼他，失望透顶。

"我不管，你拉开给我看。"我拗不过他，只好爬过去猛地一下划开窗帘，然后向床上倒下去。

"你满意了吗？"我问，脸上全是汗水。

"你怎么了？"他答非所问。

我挂上电话，翻了个身背对着他，不一会儿电话又打了过来，我干脆拔了电话线，图个清静。等汗流尽，羸弱的身体才开始回过神来，我坐起身拿起床头柜上的体温表，整个人顿时感觉神清气爽，看到体温重新回到三十六度五，我才放下心来。我爸已经离开了，我想给他打个电话告诉他我退烧了，最后还是没拨出去。

那次发烧可以说是一个临界点，往后的日子，身体一天比一天舒适起来。十一月快结束的时候，有一天医生进来查房，告诉我白细胞就要长起来了，就是这两天的事。那时我依旧没日没夜地拉肚子，几乎是寝食难安，在这样的当口得知这个消息，自然是欣喜又雀跃，觉得希望就在前方，好日子要来了。

很快，等干细胞在体内植活，白细胞生长起来，我喉咙处的那股异物感终于偃旗息鼓，乖乖地平静了下来，我才得以恢复往常的一日三餐。能吃饭真是一件美好的事啊！它让人确定自己正在活着。谁说物质层面的满足一定比精神世界来得贫瘠，至少它的补给敦实有力，在某些时刻实让人觉得未来欣欣向荣。

相比喉咙的妥协，肠道的恢复则任重道远。为免弄脏床单，护士特地在某一特定区域为我铺设了一张一米来宽的护垫，这也是之前陪同我进舱的一分子，摸起来软绵绵的，材质有点像婴幼儿的纸尿裤，怎么翻也不会漏……

每天，我照例吃着她们按时送过来的黄色药丸，味道很苦，需要卯着一股劲才能将它吞下去，连漱口的那一份，我也不想放过，唯恐折损了它的半分药力。可尽管如此，还是收效甚微。

"你算是舱里非常听话的病人了。"有一天输完液，护士进来封管的时候对我说。

"哪里，就是你们让我干吗我就干吗喽。毕竟你们是专业的，我也蛮信任你们的。"我挺开心的，起码我是一个自律的患者，没有给别人带去过多的麻烦。

"要是都像你这样想就好了。"她叹了口气，接着说，"你隔壁房的病人，和你一样也拉肚子，开给他的药嫌苦一粒都没吃，最后难受的还是他自己。"

我笑笑："既然进来了，你们怎么说我就怎么来吧。"

"真乖。"她拿盐水帮我冲完管，说，"你过不了几天应该就要出舱了，一切都顺顺利利的，特别好。"

"我顺利吗？"我有点诧异。

"当然啦。你进舱后只发过一次烧，还是因为黏膜炎引起的正常反应，给你家里省了不少钱了。"

"真的吗？"听她这么一说，我顿时来劲了，感觉自己功不可没，迫不及待地想和我爸吹嘘这个振奋人心的好消息。

"是啊，舱里前期的花费都差不多的，主要是后期，后期稍不注意个人卫生就容易发烧，各种退烧药贵的噢……你大概节省了好几万块钱呢。"

"好几万？"我越来越得意了。

"是啊，你看你桌上的洗手液都快用完了，有几个年纪大一点的病人连半瓶都没用上。"她笑起来，隔着口罩，我只能看见她的眼角微微翘起，牵动了两三条隐秘的细纹。大多数时候，我都只能凭眼睛周围的那一小片区域区别出这些护士。我几乎不曾看过她们的脸，而窗台上每日一换的照片，也与我脑海里自行为她们填充的面孔相去甚远，时间一久，只有当她们佩戴口罩的时候，我才能分辨出谁是谁。

这真的是一件悲伤的事。我想来日要是有机会在医院之外的其他地方偶遇，我们也绝不会认出对方来，即便她们曾经称得上是我的救命恩人，也依旧无法成为一个具象而深刻的存在，被铭记，被感激，被信任。我开始有点明白"白衣天使"这个称谓背后的善良，她们的确是一个了不起的群体。

等身体恢复得差不多了，血液的各项指标也都趋于正常，我被允许每天下午打完点滴后，在舱内的走廊里走几圈，以慢慢适应外部环境。我从走廊的最头走到最尾，经过了好几扇截然不同的窗口，有的房间黑漆漆的，只有手机的光照映在人的脸上，他瞥了我一眼，又转过头去玩手机了；有的房间开着灯，病人却已经迷迷糊糊地睡了过去；只有一位阿姨，在我第三次经过的时候迟疑地叫住了我。

"你快要出舱了吗？"她问。

我点点头。

"真好。"她笑起来，面目和善，我觉得我必须得说点什么。

"您也快了。"说完我便颔首离开了。走到一半又想起来，转身回到她的窗子前补充："要记得多洗手。"

第十四章

我们还是先好好活着吧

出舱被提上日程，每每有护士过来打扫，我都会多嘴地问一句："我什么时候出舱？""不知道啊，教授还没说，你就好好等着吧，不用急的。"得到的总是诸如此类的回答。可我哪里按捺得住，身体一旦无碍，食欲便也跟着苏醒过来，只能眼巴巴地看着电视机里的美食节目垂涎欲滴。偶尔有护士进来，又手忙脚乱地切换到别的频道，怕被人笑话。纵使身体时常处于一种对美食求而不得的状态，可心里却始终充盈着笃定与安宁，像是终于翻过一座大山，觉得自由和健康都唾手可得。

舱外的走廊上，住着一位五十多岁的中年男人，自打我进舱以来他便在那里，每次我爸让我拉开窗帘的时候，我都能看见他。

"你猜他在这住了多久？"有一天我爸问我。"两个多月了！"还没等我开口他便抢答。

"他怎么了？"我有点疑惑。

"出舱之后调理得不好，血项升不起来。"我点头沉默，想来这也是我往后有可能会面临的处境。

"所以我和医生说了，我们在里面多住几天，等身体硬朗了，再出来。"

"什么？"

"不急这几天的。而且我刚问过医生了，外面根本没床位，你现在就是想出来也出不来。"

"你知道这里面一天多少钱吗！"我对他的自作主张惊诧不已。

"多少钱？"他问。

"这……我也不知道……"

就这样，我又在里面多待了几天，等到出舱的时候，2016 年里的最后一个月就要到来。我如愿转进普通病房，头等大事便是让我爸下楼去买水果。那时冬天已悄然而至，走廊上散步的病人都穿着厚实的睡衣，窗子外的天空总是灰蒙蒙。我爸买来了两颗橙子，剥开来用餐盒装着放到微波炉里加了热，问我："怎么样？"

"有点苦。"我说。

他笑笑，说那下次只转一分钟好了。电视里播放着无聊的肥皂剧，他看了一会儿，陡然转过头来对我说："要不你出院之后，我们自己租房子住吧？"

"嗯……好啊……"我随口应答，嘴巴里是温热的果肉，每咬下一口，都有新的汁水迸发出来，甜蜜又苦涩。如果硬要归纳我有什么不值一提的长处，那可能就是察言观色了，我虽然人在医院足不出户，可家里那二三事，还是大致能猜到个眉目。

他可能没料到我这么顺从便答应了下来，一时之间竟不知该说些什么好，整个人仿佛憋着一口气。直到吃完晚饭，我们照例在走廊里散步消食，走到尽头的窗子前停下，他才肯说出实情。

"其实你进舱的这段时间，家里不太好。"他看着窗外高架上稀疏的车流，开口说道。

"在吵架吗？"我明知故问。

他呼出一口气，说："你小婶不想我们继续住在你哥那里，想把我们赶出去。"他的声音开始呜咽起来，家人是他的软肋。

"不奇怪啊，早料到会有这一天了。"我说的是实话。虽然似乎早前有点心理准备，可当这件事确切发生的时候，还是觉得脊背发冷，我想冬天是真的来了。

"我们那时候怎么对她的，她现在这么对我们。"他语气里是一阵掩饰不了的颓唐，大有众叛亲离之感。

我不由得回忆起小婶生病的那一年。大概是 2012 年吧，她得了乳腺癌，后来切除了一侧的乳房。那时我爸妈已经开始在河北开店卖包子了，两人素来勤俭，自打开张便没关过一天门。后来家里的大爷爷过世，也只是我妈匆匆赶回来吊唁，我爸留下继续照料生意。小婶生病的那一次，他们接到小叔的电话，便火急火燎地往回赶，想到弟弟的困顿，我爸竟兀自在火车站里哭出了声。最后他们陪伴小叔一起照顾了小婶将近一个月，等到她病情逐渐稳定下来，才返回河北开店。起初，小婶对我们家不是没有感激的，可那份情感轻薄得很，随着她病情的好转与时间的推移，早已消失殆尽。我完全理解我爸生气的缘由，他希望自己昔日的情分能被平等对待，可我也同样鄙夷他的毫无保留，喜怒哀乐全被旁人牵着鼻子走。

我安静地待在他身边不说一句话，只是听着。他吸吸鼻子又开口："你看你每次同桌吃饭她分得有多清楚。"这一点我自然是早就注意到了。每次我妈炒好菜，小婶便会拿出我专用的盘子，每道菜各给一点，生怕我去"公家"的饭碗里夹了菜。有时候她尝到好吃的菜，就用自己吃过的筷子给我夹上一筷子，我默默地点头接过来，心里其实很不是滋味。

"我不管，这次她赶我走我都不会走的，要是你小叔和你哥眼睁睁地看着我们被她扫地出门，我这辈子都不会原谅他们。"他痛下决心，涕泪横流。

"你这又何苦呢。"我有点挣扎，他全然不理会我。可我心里知道他得逼迫自己留下，不然就会失去自己的弟弟。

隔天，我姐便知晓了这件事。她为人一向心直口快，人生字典里向来没有"忍受"一词，当即建议我在医院附近找好房子，住多久都行，钱她来出。我向我爸转述了姐姐的话，他摆了摆手，依旧固执己见，要去小叔家。

那时候我还不知，小婶为了让我们离开，暗地里费了不少功夫。房子是我哥买的，只要他不松口，小婶便无能为力，事实上，他也不可能松口，这点自信我还是有的。我是后来回老家才听说，小婶给她平日里的牌友们打了不少电话，诚邀她们过来小住几天。她想赶在我出院之前，把我住的那间房拿下，到时我们便只能知难而退，乖乖收拾行李搬走。可老家的阿姨们心里都明镜似的，在这种节骨眼上，谁也不愿蹚这趟浑水，最后她无可奈何，只好偃旗息鼓。

很快，我移植结束出院，医生说接下来的两个月至关重要，复查频繁到半个月一次，我也只能乖乖在武汉待着。推开门的那一刻，一切如往常，我照旧叫了一声小婶，算是打了招呼，便停在玄关处换鞋。午饭已经准备好了，小叔特地提前打来电话告知我们，让我们不要在外吃东西，家里什么都有。开饭后，等小婶就座，我刻意选了一处离她最远的地方，然后开始吃饭。成年人之间有一种心照不宣的奇怪默契，只要谁都不刻意去捅破那层窗户纸，就仿佛真的什么也没有发生过，隔天起床还能在盥洗室外交换一个略带口气的疏离的问候。

离过年只剩下一个多月的时间，没过几日，我爸便回老家修房子去了。我是跟着爷爷奶奶长大的，爷爷奶奶生活在小叔家，一把拉扯大了包括我在内的四个孩子，我、我哥、我表姐和表哥。我在那个家的生活就快要满二十年了，奶奶在哪里，我就在哪里。

小时候奶奶和小婶闹别扭，分开做饭，我便跟奶奶吃；奶奶和小婶吵架怄气，搬到我家去，我便也一并跟着她过去，只带一个小枕头就足够。

现在我爸回家修房子去了，言谈之中他提到"现在你生病了，要回自己家去住"，多少可能觉得有点"不吉利"的意思。小婶也催得紧，暑假开始那会儿，我还在化疗，她便直截了当地提到过，"让你爸回家把家里的房子修修吧"。可那时候我们还不敢轻举妄动，后期的治疗费像个黑洞一样，我们得使劲攒着手头所有的积蓄以防万一，治病是头等大事，所以只好对她抱歉地笑笑，低眉顺眼地糊弄过去。

我爸回家没多久，小叔的杂货铺终于开张了，从家庭微信群里传回来的图片看来，一切都有条不紊地进展着，两人喜气洋洋地站在店门口，笑得热情又满足。第一天生意还不错，忙到晚上七点多才得以脱身回家吃晚饭，一问，卖了五百多，也够了。我很是替他们高兴，以后即便不能大富大贵，至少有份安稳的营生，不用再起早贪黑地讨生活了。

❀

时间缓缓地推移至冬天的核心，常常一开口，便能看见一团白气冒出来。而我妈依旧睡在客厅里的沙发上，问她冷不冷，她也只是笑着摇头，然后铺开棉被来。我说："妈，你把被子抱进来和我一起睡吧，里面暖和一点。"她没怎么抗拒便答应了下来，我们两人各自占据一头，床铺柔软而温暖，让我的心也稍稍好受了一些。

我其实还是有隐隐的担忧，毕竟是非常时期，一人一个口气，隔离人群总是错不了的。可我总不愿眼睁睁地看她睡客厅，再加上我房间里放置着一台我哥特地送我的空气净化器，觉得应该没什么大问题。这样睡了才两天，问题便出现了，第三日例行查体温的时候，发现晚间又开始低烧起来。

癌症病人的第一大忌便是发烧，因此我每日的早中晚都会各测量一次体温，以免出现纰漏。我看着体温表上水银柱在"37.9"的刻度闪烁，心里有隐隐的不安，如果就这么联系教授入院的话，又是一笔不小的花费。想了又想，当天晚上，我没向我妈说什么，想着明天一早看情况行事，睡一觉会好点也说不定。

隔天一早，我妈还在厨房做早餐，我便偷偷量了一次体温，结果大失所望，没什么明显的变化，依旧低烧。走出房间吃完早餐，我如实相告，权衡之下，决定还是先去楼下的社区医院挂几瓶水，看效果再作打算。我妈没有反对，她向来不会反对我的决定，只要我还是积极的，而且能让她参与，让她陪在我身边，她就倍感满足。

我在社区医院输了三天液，可病情依旧不见好转。每天晚上，体温会像月亮一样照常升起，让人困惑又疲惫。第四天，我拨了电话向主治医生预约了床位，与我妈一起乘车前往医院。在我看来，我妈是名副其实的超人了，因为我手臂上有PICC，提不了重物，于是所有的行李都凭她一己之力负担下来。她背上背着我的双肩背包，鼓鼓囊囊的，再也塞不下任何东西，左手边是一只二十八寸的行李箱，另一只手提着过夜的被子。我想帮她分担一点，也会被她笑着拨开。公交车一路摇摇晃晃，她仰着头疲乏地睡过去，手里还紧紧地抱着包。

到了医院，等我们办完入院手续走进病房，发现坐在椅子上的家属里有一张熟识的脸，我仔细想了想，又看向病床上的人，豁然开朗——这不就是以前住十一楼时，常常在"座谈会"里控诉自家儿子的父亲吗，他们怎么也来十楼了？我正疑惑，倒是我妈先上去打招呼了，之前我们是打过照面的，算是老早就摆脱了陌生人之间的那层隔阂。我看看他儿子，发现他也正在看我，就朝他点了点头，躺床上休息去了。

接下来的几天里，我才真正有机会近距离接触人们口中"顽劣不堪的孩子"。其实称他为"孩子"我挺心虚的，一问才得知他只比我小一岁而已，可病友们提到他时都爱"那孩子""那孩子"的，习惯了也就罢了。他某些方面的的确确与我从人们口中所得的形象一致，某些方面却也相去甚远。

他爱极了吃辣，这一点令我咋舌。我自打生病以来，饭菜都以清淡为主，加油盐简单地烹制就足够。虽清寡，吃多了甚至觉得难以下咽，可总是坚持着病人该有的自律，丝毫不敢越雷池半步。他就不一样了，除了吃辣以外，他还爱吃咸菜。咸菜里含有大量的"亚硝酸盐"（据说致癌），癌症病人基本都是敬而远之。我从前也爱吃泡菜，可生病之后就再也没碰过了。看到他的这些举动，几乎让我那句"你不想活了吗？"脱口而出。

他看看我，说："要来一块吗？"这里的"一块"指的是腌萝卜，裹着金亮的红油，看起来可口极了。我偷偷咽了下口水摇摇头："不用了，你吃吧。"

"你每天吃的那些跟草一样，你是羊吗？"他说。

"只有羊吃草吗？"我问。

"也不一定吧，"他又放了一块在嘴里，吧唧吧唧，然后又嚼得嘣嘣响，"肯定也有其他的动物，但我懒得想了。"

我右侧的病床上住着一位……伯母？怎么形容她呢，看起来比我妈大很多，比我奶奶稍小的样子。她整个人消瘦极了，化疗败光了她的头发，新长出来的一些也都是灰白色的，稀稀疏疏。她是武汉本地人，唯一的儿子在上海安了家，所以便由老伴来照顾她。她老伴看起来很有派头，穿一套旧式西装，戴金丝边眼镜，文质彬彬的模样，笑起来很慈祥，是很有礼貌的老人家。老伴大概是这辈子第一次做饭，每次回去做饭之前，都要细细地向她咨询炒菜的步骤，有时候找不到家里的物件还会特地打来电话询问。看样子菜应该做得挺称她心意的，每次她都能吃完。

我第一次主动同她讲话，是听她说就快要进舱做移植了，惶恐不安。她老伴安慰她，说没什么的，放宽心，可收效甚微。这我完全理解，病人的恐惧不是一句"加油"便能轻易化解的，我想了又想，还是开口了。

"您不用紧张的，我刚刚从舱里面出来，没什么太大的问题，一般人都熬得过去。如果您有什么问题的话，可以问我。"我对她笑笑，希望能有所帮助。

"噢，你刚从里面出来呢？"她也友好地笑起来，坐起身子，推了推鼻梁上的眼镜，脸上是一副很感兴趣的表情，让我觉得自己的经历对她而言可能真的至关重要。接下来的几天里她向我咨询了不少进舱事宜，我着重讲了注意事项与流程，还额外附加大段的鼓励，关于痛苦的部分都轻描淡写，我擅自认为，此刻她需要的只是勇气而已。

因为病人与病人之间更容易"感同身受"，我们在那几日里几乎无话不谈。大多数时候都是她在讲话，我安静地听，然后回答她的问题。她给我看手机里她小孙子的生日照片，说小孩子身上的那件毛衣是她买了寄过去的，花了一千多，质量特别好；她说她儿子每天都会给她发微信，问她的病情；还说儿子怕她意志消沉，给她推荐了一首歌——《生活不止眼前的苟且》，然后拿出手机把歌词一句一句地念给我听。那一刻我习惯性地沉默下来，看了看我妈，她坐在床边的椅子上，不知道在想些什么，伯母还在念着歌词，我一边讶异她对于年轻世界的熟稔，一边有点感伤。

有时候"那孩子"不在，她会偷偷给我讲他的坏话。我乐于接受她也"两面三刀"这一"事实"，仿佛眼前只是一位平凡而苍老的妇人，也会在背后嚼人舌根，让我的心里得以羞耻地稍稍平衡。

"你说你们只差一岁，怎么差这么多？"她说，可听起来不像是在问我。

"性格不同吧。"我回答。

"我还是喜欢你这种懂事的孩子，你看你对你妈多好。他对他父母瞎吼，脾气坏得很。还乱吃东西，一点规矩都没有。"我笑笑，我有点抗拒"懂事"这两个字。

"你性格和我儿子比较像，"她接着说道，"我儿子像你这么大的时候也特别心疼我。"然后她便开始给我讲她儿子小时候的事。伯母似乎是一个比一般人更有表达欲的人，每次医生来查房，她也会拉着医生说好久，事无巨细。她对自己病情有着一套神秘的体察。她说："我觉得我的白细胞长起来了。"医生不解："都没查血项，你怎么知道长没长？""昨天晚上睡觉的时候，我后背特别热，我白细胞低的时候，后背都是凉的。"等医生离开，她老伴总会说她两句："你不要老拉着医生说些无关紧要的话，挑重点说，别人还有其他病人要看。"她自然不服，辩解道："像我们病人就是要多和医生沟通自己的想法，让医生了解你，医生都不了解你，他怎么给你治病？"

在其他人看来，伯母也许有点喋喋不休了，可我挺愿意和她说话的，也愿意回答她的每一个看似无关紧要的问题。伯母的肿瘤长在头上，说来凑巧，有一次她打扫卫生不小心撞到头，鼓了一个大包，上医院检查，正好发现下面埋着颗肿瘤。这让我想起我自己确诊的前夕。那时候我大二刚放寒假，我哥在武汉安了家，奶奶大喜，觉得孙子出息了，想来武汉看看房子，我便带着她过来了。有天晚上，我去超市买食材准备和奶奶一起吃火锅，刚走到门口，一位叔叔叫住我说："小伙子，能帮我抬下东西吗？"于是我和他一道，抬着购物车，越过了停车场低矮的护栏。我继续往前走，天彻底黑了下来，路过一处关了门的商店，四周都黑漆漆的，停在商店门前挨着我的轿车突然启动倒车，吓了我一大跳。我这人一向神经兮兮的，爱在细枝末节处纠缠，心里响起一个声音："这算撞到我了吗？会不会有不明显的内伤？"可我人都没摔倒，擅自向人讨说法属于碰瓷啊。

我继续向前走，心里越想越乱。过了几天，等我带着奶奶回家之后，我居然鬼使神差地去了趟医院，顺便做了个 B 超。医生一边扫，一边疑惑地问我："这几天有被什么东西撞到吗？"

我想了想，还是决定先摇摇头，不想因为我个人的猜测左右她的判断。然后她告诉我，需要进一步检查，我有一肚子的疑问无从解释，难道那一辆车当真撞到我了？我开始有点后悔那天晚上帮助陌生的叔叔抬购物车了，如果我当时视而不见，那辆车发动之前，我早已经离开了。

后来我确诊癌症，这一连串的奇妙巧合令我无话可说，它肢解了我之前对于生活的所有把握，让我开始对"命中注定"半信半疑。可有一件事是确定的——人还是要做好事。如果那天我没有抬起那辆购物车，接下来我可能还会继续被恶疾蒙在鼓里。可我转念一想，一般人应该也不会像我一样神经兮兮的，居然兴师动众到医院去做检查！这一环扣一环的，实在不可思议。所以我只能大胆假设，冥冥之中也许有人洞悉了我的一切——我的生活、我的性格，然后在某天晚上，替我准备好了一辆购物车。这可真是天方夜谭！我很难向任何人解释当时的心理活动，包括我自己。有人问我，是怎样一个契机发现自己患癌的？我常常无话可说，最后只能用一句"常规体检"答复他。我总不能说"我不确定自己有没有被车撞，为了打消疑虑去医院做了检查"。听起来像是我会做的事，可还是荒谬到令人皱眉。

伯母不以为意，说："这是我们命不该绝，我们都会活下来的。"

✼

伯母有糖尿病，饮食控制相当严格，许多好吃的小点心都被拒之门外，嘴馋时也只能抱着无糖饼干一口一口寡淡地咀嚼。我问伯母："这个好吃吗？"我发誓，我绝对没有半点儿想分食伯母饼干的意图，纯粹是出于好奇罢了。可伯母还是执意要给我一块，盛情难却，我只好收下。

"怎么样，不好吃吧？"伯母笑嘻嘻地问，脸上的皮肤都拧到了一起。

"嗯。"我想了想，"确实没有有糖的好吃。"

"那孩子"从手机里抬起头，一脸疑惑地看着我们，他好像有点不理解我们这些严格控制饮食的人到底是为哪般。确实，在整个住院部里可能只有他一个人能心无旁骛地"做自己"。有时候我会有点羡慕他，觉得他摒弃了一种东西，一种该死的瞻前顾后，因此能一直勇往直前。

当然，他也有固执己见的时候。有时候护士进来给他输液，他缩在被窝里怎么也不肯出来。他爸过去拍拍他，他就大发雷霆，引来不少观望的人。护士只好无奈地推着车出去，而他爸估计待会儿又得举办一场"控诉大会"。

我问他："为什么不打针？"

"不想打就不打呗。"他上半身从被窝里钻出来，随手剥了一颗橘子，又扔了一颗给我。我想这也太没礼貌了吧！都不事先问我需不需要吗？想完我就吃掉了。本来还打算做一回"圣母"站在道德的高地质问他，可根据吃货界"宪法"第一条——"吃人的嘴软"，这会儿吃都吃了，我要是还故作凶相，那也太不要脸了吧。

"不打针，那来医院要做什么？"我接着问道。

"你以为我想来啊。"他白了我一眼，又塞了一瓣橘子在嘴里。天呐，他吃得还没我快，年纪又比我小，他在拽什么！

一旁的伯母可能因为糖尿病，很久没吃过水果了，眼巴巴地看着我们。

他看看伯母，问："你要吗？"

"不了，"伯母摆摆手，"我还想多活几年，还没活够呢。"

他笑笑，也许伯母毕竟是长辈，他心里多少有点忌惮，于是转头问我："你活够了吗？"

"我当然没活够，"我也毫不客气，"我那么英俊，我可不能死的。"

"啧啧，你还真是什么话都敢往外讲。"

"跟你学的啊。"

"我可没教你不要脸。"

....

中午吃过饭，其他病人都出门散步消食去了，房间里只剩下我们两个人，他才得空趁机跟我说："我发现你很喜欢跟老年人讲话。"

我正在看王安忆的《长恨歌》解闷，剧情进展到王琦瑶怀了"毛娘娘舅"的孩子，企图让吃苏联面包长大的混血儿萨沙当"接盘侠"。听他这么一说，我合上书页，老实交代："可别人跟你讲话，你也不可能不理睬吧，那多没礼貌啊。"

"都这种时候了还管什么礼貌不礼貌的？现在你才是大爷，爱怎样就怎样！"

"这种时候是什么时候？"我反问。

"呵呵，"他笑了笑，"难怪我爸说你挺好的，还让我跟你学学。"

"真的啊？"我大喜，"没办法，我这人就是去哪儿都受欢迎，这天生的，学不来。"

也许是同龄的关系，跟他相处让我想起了曾经落拓的校园时光，说话的口气也不由自主地熟悉起来。人是需要相处的，第一次见到他时所留下的刻板印象，渐渐地在心里融化开来，新的面目被建设起来。要不是这几日的熟络，我不会有机会知道他的故事。

他是白血病患者，与淋巴瘤一样，都需要做移植，可它们有着天壤之别。我们淋巴瘤患者的移植是自体移植，采集自身的干细胞便足够，治疗结束身体也不会出现排异反应，前期的动员加上进舱的费用大约二十万；而白血病就不一样了，白血病患者做的是异体移植，化疗才开始，医生便会通知家人过来配型，有兄弟姐妹最好，父母次之，如果都配不上，只能试着上骨髓库去找了。这还没完，即便是交上好运碰上了"百分之百"的全相合，也不代表后期就不会出现排异反应，至于费用方面，就更昂贵了，光是前期的动员与进舱，大概就是四十万左右，而一旦排异严重，花销则不敢想象。

他便是排异严重的患者之一。我全然没料到他已经是移植结束一年后的状态，他脸色暗淡，走起路来显得无力，整个人看起来病态十足，这次来住院也与往常一样是因为排异反应。他几乎住过住院部里的每一间病房，十楼十一楼他都住过，哪里有病房他就住哪里，没病房教授也会借床让他住在走廊上。排异用的药都是特效药，价格贵得厉害。他每上一次医院，就得花费近七万块钱，有时候回家才过了两星期，就又得来第二次。前前后后这一年下来，他光是医药费就花去了一百多万，早已是家徒四壁，可纵然如此，仍旧看不清终点在哪里。排异像个无底洞一样，把他和他的家人一并拖入深渊，他们就那么坠落……坠落……最后干脆连手都放开了。

好在他爸爸的兄弟姐妹众多，家里条件也都还不错，每人均无偿给过他家数十万，并且不用归还，他才得以有机会撑到了现在。

"你怕死吗？"我突然想起他之前问过我的问题。房间里只剩我们两个人，窗子里透进来的光线依旧灰蒙蒙。

"怕啊。"他定定地看着我，"怕死了。"

"那就配合医生好了。"我自己都觉得自己的话毫无说服力，可除此之外，我确实无能为力。

"可我更怕看见爸妈连自尊都不要了，去找家里的那些亲戚们借钱。有时候觉得他们真是白痴，他们要是肯放弃我，现在也不会那么辛苦。"他语气淡淡的，像是在谈论别人家的事，眼底却是化不开的忧愁。

我一时不知该说些什么好。我之所以肯老老实实地配合医生，是因为我知道，未来一定有一个终点在等着我，无论是死是活，它一直在那里，接近它一切才有定论。可他不一样，命运之中那个无须多言的目的地仿佛空缺了一般，抑或是存在于更遥远的迷雾之中，让人勇气全失。

"其实我有时候挺想死的，可又不太敢。一是怕爸妈会难过，他们也就我这一个儿子；二是不甘心怕错过些什么，我都坚持这么久了，万一好事就在前头怎么办？"他往上掖了掖被子，表情看起来认真极了。

"你怕死吗？"他问我。

"当然怕啊，尤其是怕跳楼死。而且脸着地死相会很难看。"

"哈哈哈哈。"他大笑起来，"你真的有病。"

"你难道不觉得跳楼真的很需要勇气吗？"我问，"我每次趴在栏杆上往下看，腿都抖到不行。"

"是啊，我也不敢。"他点点头。

"所以我们还是先好好活着吧，等死自己找上门，我们再去死好了。"我提议。

"感觉那样死比较好。"我补充道。

可他一直没有回答我，像是在仔细考虑我说的话，又像是在疑惑下午究竟该吃些什么好，我也猜不透。

我在住院部待了不过四天的时间，照例打了几包退热的抗生素，中间教授出完差回来，给我做了血液检查，说是细胞感染，没什么太大的关系。住院部床位本身就紧张，加上我低热的现象也趋于平稳，便对症开了点口服药，让我回去了。

我和我妈一边收拾东西，一边向病友告别。伯母对我说："我得好好谢谢你，你在的这几天里，给了我非常大的勇气。"我自然开心自己的只言片语能给人带去些许的安慰，同时也吃惊于一位六十多岁的老妇人竟能自如地说出"你给我了勇气"这种话。

我望向"那孩子"，他只是看着手机，对周围的一切充耳不闻。我说我走了，他这才抬头看了我一眼，说你走吧。我笑笑，对他摆了摆手，和我妈一前一后推开门出去了。等我们搭乘一个多小时的公交回到家时，小婶已经做好饭菜，在客厅里等着我们了。

　　杂货铺的生意不太理想，仅仅是市场开张当天大额的优惠手段换来了一次虚假的"开门红"，接着便是每况愈下。乘着手扶梯走进地下市场，打头阵的是几家卖菜的摊位，菜品种类倒是齐全，就是客流量实在是少，运气好的时候倒是能看到三三两两拉着拖车闲逛着的爷爷奶奶，大多数时间都是乏人问津。靠前的尚且如此，位于里间的小叔就更惨淡了。有时候一天也只能卖出一瓶"老干妈"，一个人就能打点过来，再加上地下室冬季阴冷潮湿，小婶身体又不适，连着几日便都是留在家里，只在中午出去给小叔送送饭。

　　小婶问我："没什么事吧？"

　　"没事。"我点点头，"有点感染了，吃点药就好了。"

　　"嗯，那就好。"她拿起遥控器换了个台，便不再多说什么。

　　我对小婶的感情很复杂。在我心里，她不是坏人，我们也甚少起什么不可调和的正面冲突。至于她打过的那些小算盘，我也一概都是从旁人口中得知，她所有的不怀好意都刻意避开了我，也算是对我仁至义尽了。

　　我们相安无事地共处着，小叔照旧每日早出晚归，尽管生意不如意，可事在人为，一切总会有转机。天气越来越寒冷，我妈心疼小婶，便主动把送饭的事包揽了下来。有一回她送完饭回家，我问："小叔的店怎么样了？"

"没什么生意。"她摇摇头，"不只是他们，整个市场都没什么人，而且他们在最里面，愿意走进去的就更少了。今年估计是没什么指望了，看明年开年会不会好一点吧。"我点点头，算是心中有数了。

2017年一月中旬，离春节还有两个礼拜的时候，小叔和小婶关了店门，回老家过年去了。我因为复查频繁，想着临近年三十的时候再查一次，间隔的周期刚好足够回家好好休息的了。屋子里一下子冷清下来，我哥依旧很少回家，房子只剩下我和我妈两个人，显得松散而沉寂。

2017年1月23日，离过年只剩下四天时间，我们启程去医院做年前的最后一次复查。抽完血，我便坐在电梯间的椅子上等结果，我妈去加热饭菜了。做完移植出舱后，我依旧按照当时下发的食谱严苛控制饮食，上面写着"一年内不要在外面的餐厅吃饭"。于是每次来医院，我妈便起个大早做好中午的饭菜，拿到医院的微波炉里加热，至于她自己，总是下楼买两个馒头对付过去。

我低头吃着饭，有一位阿姨从大厅里走出来，在我对面坐了下来。她手里提着换洗的衣物和餐盒，估计是有家人进舱了。我的余光瞥到她一直看着我的方向，便从饭碗里抬头对她笑了笑，她这才放下疑虑似的，同我说起话来。言谈之间得知进舱的是她老公，白血病，进去已经十多天了。照这个进度，那应该已经回输了，现在正是最难熬的时刻，我暗自揣测，不说一句多余的话，只是听她讲。

"他什么东西都吃不下去，嗓子痛，还说恶心想吐，我真不知道该怎么办了……"她眼圈渐渐红了起来，抬手抹去眼泪。我是听其他病人提起过，说异体移植的患者，在舱里的状况，比我们做自体移植的要辛苦得多，我不知道她是否清楚。

"没事的。"我放下碗筷安慰她，"大家都会有这么一个过程，是正常的，您不要多想。"这是实话，而且这句话对大多数病人都挺有帮助的，她也不例外。她定定地看着我，方才的抽泣已经停止了，只是鼻子还一吸一吸的。然后她认真地点头，似乎是想从我这里获得更多有用的信息。

"您这几天就给他做一些流食就好，硬的还有腻的，他都吃不下的。"我接着说。

"嗯嗯。"她点头应答，"我刚刚给他送了点儿小米粥，怕他喝不下去，早上在家用机器给他打碎了熬的。"

"嗯，那很好啊。"我说。她听到我这么说，才放心地笑了起来，像是得到了什么了不起的表扬。

没多久，电梯就来了，她起身对我说："你气色很好，不过还是要注意饮食和保暖，这几天天气冷，记得多穿点衣服，别着凉了。"

我点头道谢，直到电梯门关上隔绝了她的笑意。之后再也没有人过来和我说过什么话。大概到下午四点，我的几项血液检查的结果出来得都差不多了，剩下的几项都是隔天才会出报告，医生让我先回去，说有问题会给我打电话的，然后嘱咐我过完年之后初十左右过来做放疗。我松了一口气，想着至少还有十多天的时间让我可以心无旁骛地享受这个春节了。

我和我妈站在电梯间等电梯，门一打开，一个熟悉的身影便出现在我眼前，伴随着电梯阿姨生硬的普通话"十楼血液内科到了，电梯上行"。他依旧穿着一套厚实的睡衣，步履拖沓，看起来没什么精神，脸色也不大好。身后是拖着行李的父母，看样子是来住院的。我向他挥挥手，两个人就在电梯外的椅子上坐了下来。

"你要回家去了吗？"隔了很久他才问我，我的情况他是知道的。

"嗯。"我点头，"回家过年去了，教授说过年期间放射科没人，让我过完年再过来。"

"真好。"他感叹了一句，把手举起来抱着后脑勺，"我也想在家过年，可应该不行了。"

"不行了"这三个字让我的心不由得往下一沉，我顾不了那么多了，追问道："你怎么了？"

"身上痒，痒得晚上不能睡，有时候睡着睡着又痒醒了，皮都挠破了，所以只好过来医院了，今年应该只能在医院过年了。"他失落地叹了口气，但似乎早就接受了这一事实。

原来只是需要在医院过年。我悬着的心开始放松下来，等到他的父母办完入院手续，护士过来领他去病房休息，我们就要告别了。我看着他起身后虚弱的背影，一步一步缓缓地向前走，直到转了个弯彻底消失在我的视线之中，心里隐隐地替他开心。我想我们暂时都死不了了，即便未来再多波折，也会拼了命地向有光的地方挤过去，苟且偷生，似乎也挺好。

❋

我和我妈乘车回到家时，已经是下午六点多的光景，冬日里白天短得可惜，夜色绵密地笼罩下来，我们顺道在楼下买了点菜，便回家做饭了。小叔小婶回家静候春节去了，家里空无一人，吃完饭我早早便睡下了，照例一夜断断续续地做梦，醒来后却又什么也没记住。

第二天一早，我起床看了集美剧，盘算着时间应该差不多了，就往住院部打了个电话，想问问剩下几项检查的具体结果。虽然他们说了，有问题会跟我联系的，可我还是担心中间会生出什么枝节给耽搁下来，问个清楚最好不过了，以免这个新年时时提心吊胆的。

接电话的是一位年轻实习医师，说教授查房去了，问我有什么事。我说明来意，他便让我等等，去看了看检查结果，不一会儿就回来了，说："都挺好的，没什么事，放心吧。"我这才放下心来，道谢挂断了电话。

彼时已是我们启程回家的日子了，约定好等我哥从公司回来，我们就坐他的车回家去。从武汉到天门，大概三个小时的车程。时候尚早，行李也都已经收拾妥当，无事可做，我就坐在客厅里陪我妈看起了电视。老实说，回老家这件事让我倍感紧张。我生病之后还没回过家里一次，毕竟小地方，街坊邻居们都从我先前在网上发起的众筹里得知了我生病的事，我不知道这段时间以来我的爷爷奶奶面对着外人怎样的询问或是打探。每次想到这里我都觉得很对不起他们，没有照顾好自己的身体。

电视里播放着冗长的民国剧，我怕我妈听不清，又假装若无其事地把音量调高了一些。还好她只是靠在沙发上，对电视剧一点也提不起兴致的样子。没过多久，她坐直身体问我："你还记得你化疗时住窗户旁边的那个女孩子吗？"

"哪一个？"我有点不确定。

"就是你住罩子床的那一次。"她提醒道。

"噢……她呀。"我很快便确定了人物，就是脾气有点倔，爱和她妈妈抬杠，几乎不吃不喝，靠营养液维持的那个女孩。

"她怎么了？"我有点好奇我妈为何会突然提起她。

"她走了。"我还没反应过来"走了"是那一层意思，她又接着说："昨天我在医院遇见她妈妈了，她妈妈和我说的。"

我习惯性地沉默下来，有种不切实际的感觉让我很不舒服，明明我上次见到她时还是一个活生生的人，会哭会闹，怎么说走就走了。我妈继续给我讲她的事，她是白血病患者，我们住同一间病房的那一次，她结束移植出舱还不到两个月。因为是独生女的关系，配型对象的选择主要在她父母身上，最终医生选择了她爸爸，可遗憾的是，即便如此，两人也只有百分之五十相吻合，也就是大家口中的"半相合"。她结束移植在家休养了四十五天，病情复发，再次回到了医院。这次医生已束手无策，每日也只能在例行查房时给她一些无关痛痒的鼓励，我想她的世界可能是在那个时候坍塌的。医生建议父母可以再要一个孩子，用新生儿的脐带血或许可以救她一命，可她父母都已是四十多的高龄，再次生育谈何容易，而且怀胎十月，也不敢保证她能不能撑那么久……

我默默地听完，只觉得一切都说得通了。当初，她脸上的种种漠然与抵触，并非天性使然，而是走投无路。好在当时碍于陌生，我并未上前去开解她，让她不要放弃，积极配合医生的治疗，差一点就做了不可原谅的蠢事。我甚至不敢换位思考，如果我是她，我将作何反应，我所有的勇气来自于对前路可追的信念，可如果前路不通呢？我不敢再往下想，把注意力全部集中在了电视机上。

大约十点钟的时候，我接到了姐姐的电话。她说你要不让你哥晚点启程，计算好时间，好确保你回来的时候是晚上，免得把左邻右舍都惊动。这也是我的顾虑之一，我有点不情愿大白天里我哥载着我穿过邻里的目光，最后在自家门前停下来，引得人们议论纷纷，最后只好假装淡定地接受人们的问询或是鼓励。我一边点头应答她，一边默默在心里想着她说的话，我这个姐姐啊，平时虽然大大咧咧又粗线条，却总是能在别人觉察不到的细枝末节处善意地体恤我。

中午，哥哥回家来了。他平时工作挺忙的，有时顾不上就直接在公司睡了，我见他的次数不多，总觉得他好像比之前胖了一点，也许是忙于应酬的关系。我们三个人吃完饭，我也没说什么晚点回去的事，怕他觉得我小题大做，幼稚又孩子气。

下午一点半，我们准时出发。阳光鼎盛，是冬日里不多见的好天气。我哥让我坐到后排去，我说我就坐前面，前面不晕车。他倒是没意见，只是上了高速，弊端就来了。火辣辣的太阳对着我们直射过来，我脱掉外套，我哥说："说了让你坐后面的吧，前面很热的。"说完就帮我把遮阳板打开来。

当天路况甚好，再加上我哥开车很快，才两个多小时，我们便抵达了天门。离家越来越近，我心想豁出去了，迟早都得面对这一天的，生病不是一件丢脸的事，不要放在心上。显然我也是庸人自扰，想了太多，那天坐在门口闲话家常的人似乎比往常少得多。我哥在门口停下车，家人们早已等候多时，一切都安安静静的，在光天化日之下。

我奶奶不停地呢喃着同一句话："回来了就好，回来了就好。"我看着她，对她抱歉地笑了笑，除此之外，我不知还能做些什么。

整个春节前后，我都安安分分地待在房间里头，间或有亲戚叔伯听到消息后过来看我，大多都和颜悦色，一副如释重负的模样，叫我也轻松不少。其他时间，我都由着性子看书追剧，毫无负担。

想来这大概是我度过的最愉快的一个春节了。往常的这个时候，我得早起和我哥一块儿打扫卫生，然后贴春联。初一一大早，人都还迷迷糊糊地就会被噼里啪啦的鞭炮声吵醒，洗脸刷牙，然后忙着去祭祀先祖，不去不行，每个男人都得去，无论是大人还是小孩，女人就留在家里做早餐。等这一切完毕，就赶着时间去外婆家走亲戚。

今年却很特别，考虑到我的身体状况，这些"繁文缛节"都被省去了。我听到鞭炮炸得啪啪响，有的听起来很远，有的又很近，也不管不顾地，蒙上被子就继续睡，也没人像往常那样破门而入，念经一样地逼迫我起床。

在我们当地，从初一到初五，这段时间大概是走亲戚最密集的时候，时常一天也不会歇息，等这几天过去，往后便得了空闲，那时才算得上一家人真正的团聚。我姐走完亲戚，便和姐夫一块儿带着小外甥在我家住了下来，趁着这个当口陪我几天。我们一家人在一起也没做什么特别的事，就是打麻将，没日没夜地打。

我一般是白天和他们一起打，晚上我早早睡下，他们要是还有兴致就继续下去。

我们那儿同我一般大的小孩子，都很早便学会打麻将了，我掌握这项娱乐技能时，大概才小学二三年级。那时候每天下午放学回家，奶奶的牌局都还没散，我趴在一旁的椅子上写完作业，就坐在她身边的长板凳上看她打麻将。有时候她手气不好，便会借故上厕所换我打两圈，我要是赢了钱，就能多打几圈，反之会被立刻轰下来。

后来，我们小孩子们也渐渐开始自行组牌局了。每年的暑假，大家伙吃完早餐踩着朝阳迫不及待地跑去打麻将，有时候在这个孩子家，有时候在那个孩子家，无一例外的是屋子里都满满当当的。一屋子的小孩，有的在打牌，有的在看人打牌，有的在看电视，有的看完动画片等播放广告的间隙跑过来看人打牌，等广告放完又跑过去看电视，忙得不亦乐乎。房间里闹哄哄的，时不时有大人进来凶我们，我们就低下头去，把食指放在嘴唇上"嘘"，等门一关上，马上又热闹起来。

那时候大家都没钱，有钱也舍不得拿钱做赌注啊，便用其他的东西代替。起初用得最多的是画片，一毛钱一大张，沿着中间的缝隙小心翼翼地剪开来，实惠又珍贵。后来日本动漫《游戏王》在国内大热，卡牌便又取而代之成为牌桌上的抢手货……

有一次，一位年纪比我们大的哥哥可能是嫌我们太吵了，进来恐吓我们，说我们聚众赌博，再这么下去迟早会被警察抓走。

大家吓得大气不敢出，纷纷抓起各自的画片就往家里跑，一连好几天都没人敢再提打牌的事。不久，有位胆大的小伙伴质疑说，家里的大人们也每天都在打牌，要抓也是先抓他们，我们是小孩子，警察叔叔不会拿我们怎么样的。于是大家又偷偷地打起牌来，把"聚众赌博"这回事忘得一干二净。

谁又能料想到，小时候无意间学会的一种玩乐，居然会成为日后坚持得时间最长的一项兴趣爱好。每年过年期间，大家的时间都基本上被打麻将占据了。我从没觉得打麻将属于赌博的一种，一来我们打得很小，二来我家隔壁时常有人大张旗鼓地张罗一屋子人摇骰子，几把下来，有人叹息有人吼叫，相比之下，打麻将简直小清新到极致。更何况麻将可是国粹啊，剪纸、戏曲什么的我们不行，能以这种方式为弘扬中华传统文化略尽绵薄之力，一种民族自豪感便油然而生……

后来，姐夫怕我感冒，搬了张小方桌放在了我的房间里，空调开得很足，奶奶连热水袋都不要了。晚上大概九点多的样子，我开着电脑看《绿箭侠》，家人在房间里打牌，突然听到楼下闹哄哄的。我打开窗户看过去，只见邻居家门口停着一辆车，黑黢黢的，看不实在。

过了一会儿，小叔上楼来，一问，才知道隔壁摇骰子的"窝点"被警察"一锅端"了。我家门前是一条不太宽阔的马路，以前是柏油的，夏天里赤脚走在上面很烫脚，前几年换成了更为平实的水泥路面，来往车辆一下子多了起来。早就听人说，过年期间不时会有警察巡逻，抓聚众赌博的人，如此近距离接触还是头一次。

我问："人呢？都抓走了？"

"抓个鬼噢。"小叔回答。

"那来干吗，批评教育？"我有点疑惑。

"钱呗。"小叔说完，慢条斯理地给自己点上了一支烟。

"罚钱了？"奶奶抬起头问道，鼻梁上还挂着一副老花镜。她每次打麻将都要佩戴老花镜，不然容易漏字。

"没。"小叔摇摇头。"就把桌面子上的钱全部拿走了，口袋里的都没动。"

那之后的几天里，隔壁都没人摇骰子了，大家都老老实实待在家里打麻将。日复一日，一个年关很快便过去了。去医院的前夕，我爸看我们爱打麻将，提议要不要买个电动麻将桌，我说好啊，免得老是用手搓，麻烦。

第二天我跟他提起这事，他笑起来："还真要买啊？"

"不然呢？是你自己说的啊。"我感觉莫名其妙。

"我就是客套一下。"

"谁跟你客套了。"

很快地，下午，电动麻将桌就送过来了，我们一家人用它打了几圈，下场的间隙里，我拿出手机买了去武汉的车票，想着新年算是彻底过去了。

第十六章

大佬『文身』

我们一同乘车去往武汉，抵达火车站的时候天色已晚。转了趟地铁出来，天空开始飘起小雨，风里仿佛裹着刀子，吹在脸上让人不由得直哆嗦。姐夫在路边拦了一辆出租，让我们先行回家，他和我爸继续等公交。那晚，我们一群人浩浩荡荡地，照例在我哥家短暂落脚。第二天一大早，我们动身前往医院，他们则远赴河北，回到各自的生活里去。

我站在医生办公室里，等他们处理完手头的事，屋子里还站了许多病人，显得有些局促。年前离院时医生曾嘱咐我："我们初十上班，不过你最好不要初十过来，因为那时我们会很忙。"我把她的话放在心上，于是刻意错开高峰期，阳历十一才过来。可她似乎对每个病人都叮嘱过，大家都老老实实地，在同一天扎堆赶了过来。

等她料理完其他病人的事务，便给了我一位放射科教授的信息，让我直接过去，说已经提前打好招呼了。我们去得早，等坐电梯到达放射科的时候，保洁阿姨告诉我教授不在，我们就在办公室外等着。走廊里摆满了病床，有人坐在床上吃早餐，有人时不时侧身散着步，想来床位十分紧张。

而事实也的确如此。教授看了我 PET-CT 的影像报告，说你这个做起来很简单。我不由得松了一口气，心头的疑虑稍微消解，但也还是不敢轻举妄动，无论他接下来提出多么不合理的要求，我想我都能积极配合。

"可我们这儿没床了。"他看向我说，"你是本地人吗？要是本地人的话你可以直接住家里的。"

我摇摇头，问道："放疗不用住院？"

"是可以不用住院，因为每天大概只做个几分钟就行。但最好是住院，方便我们随时做调整。"

我点点头，又看向我爸，说："那我们还是住院吧。"

"行，那我给你们开张住院证，你们去蔡甸住院，那边的设备是最新的，用'速锋刀'做。"

我们和医生告别，搭乘医院里的班车去了蔡甸院区。与之前造访过的光谷院区一样，这里仿佛遗世独立，人流量极少，看起来十分适合养病。大厅照旧宽敞明亮，即便有调皮的小孩子横冲直撞，也很难碰到一个人。我心里有点放松下来，一来是教授

"这很简单"的保障，再者便是医院的环境让人松懈，人潮汹涌的医院总是使人提心吊胆。

很快，医生便安排我住了下来。一连几日，我都无事可做，教授需商榷具体的放疗方案与其他相关事宜，便暂时将我搁置下来。与一楼大厅不同，住院部的床位虽松散，倒也不至于无人问津，新修建的雪白房子干干净净的，天气晴朗的时日，透过巨大的玻璃窗子，满室都是浮动的阳光碎，亮堂又温暖。

住我隔壁床的病友是湖北仙桃人，人很胖，四十多岁的模样，理一头小板寸，满脸横肉，看起来极凶。我时常听到他打电话，嗓门洪亮，旁若无人，遇到午休时间也丝毫不愿克制，扰得人不胜其烦，内容也都大抵一致——"诶，黄老板，近来可好？""诶，李老板，最近在哪儿发财啊？"我暗地里打量他，除了凸起的肚子几乎让他看不见自己的脚趾之外，他浑身上下并不太有老板的特质。后来熟识后我问我爸，才知晓他是一名货车司机，日常看似忙碌的业务联系，也只是业余推销一些香烟挣点差价。

我们相安无事地住了大概不到三天，有一天他突然发作起来。早上护士准点进来替患者们接输液，病房里三张床一字排开，我在最里边，他在中间，靠门口的是一个看起来跟我差不多大的男孩，听说也还在念书。一般而言，要是患者没有什么紧急情况需要赶时间的话，护士都不会舍近求远，靠门的自然是第一个输上液的人。可他似乎有点不乐意，他什么时候都是争分夺秒的样子。

"先帮我接上，先帮我接上。"他催促道。

"不急，你今天输液不多，很快就能打完，一个一个来。"护士一边替旁边的男孩打针一边说。

很快，等护士推着车过来替他打针，他又开始在一旁指手画脚起来，一会儿说接头消毒没消干净，一会儿说管子里有一颗小气泡……护士可能是有点受不了他的喋喋不休了，便回了一句嘴，说你别说了，你说得我都不知道该怎么做了。这句我们旁人听起来没什么问题的话，不知戳中了他的要害还是怎么回事，他的脸一下子就阴沉起来。

"你说什么？你给我再说一遍！"他的面相看起来凶神恶煞，语气里是毫不掩饰的怒意，让病房里的人都不由得看向他。可护士并不理会他，只是接着给他打针。

"你什么态度？"他紧接着质问。

"我什么态度了？"打完针护士才回了一句。

"你信不信我投诉你？你姓什么？"

"我姓王。"护士说了一声就推着车出去了。

护士离开后的几分钟里，起初他还只是脸色不快，渐渐地就开始恼羞成怒起来，"我日他妈的，她什么东西啊。"靠门的那个男孩与他同住一屋很长一段时间了，便劝了他几句，说护士都这样，总院区的语气更不好，可他不听。男孩的妈妈也劝他放宽心，本来就是病人，是进来看病的，不要气坏了身体，等他们两人你来我往说了几回合护士的不是，他像是得到佐证一般有恃无恐起来，一下子怒气高涨。

"你们今天给我作证，他妈的她今天要是不给老子道歉，老子让她走不出这门！他妈的，敢凶老子，她是谁啊！我日他妈的，老子出了那么多钱来医院还受她的气……"

我在一旁面无表情地玩手机，耳朵里却暗自将他的恼怒一句不落地听了去，我一边从他的面相里揣测这几句威胁的真假，一边替护士隐隐地担忧，怕当真出现社会新闻里报道的那种极端事件。我不理解他为何要发这么大的脾气，只觉得这个人简直无理取闹。

不一会儿，护士长过来查房，他原本偃旗息鼓的谩骂又因为落到实处而复苏过来。护士长连忙问他缘由，他将方才的情景事无巨细地重复了一遍，却十分识相地把自己不礼貌的地方做了润色："你看我好声好气地对她说，她是什么态度？我不管，他妈的，她要是今天不和我道歉，那我就对不起了，我他妈弄死她！"

很快地，护士长就把刚才替他打针的护士叫了过来。

"怎么了？"护士显然一头雾水。

而他一见她过来，气焰就愈发嚣张起来："你他妈还好意思问怎么了？你刚刚那是什么态度，我操你妈的，你今天要是不道歉，我他妈砍死你！操你妈的。"

护士显然没料到事态会进展到这一步，她先是一愣，继而就说了一句："那好吧，对不起。"等她道完歉，护士长便领着她出去了，而在她推门出去之前，他还是额外赠送了一句"我操你妈。"

得到这句忍让的道歉，他这才心满意足起来，气一下子就顺了："跟我摆谱，他妈的以为她是谁啊！"

"算了，别生气了，别人姑娘比你女儿也大不了几岁，你想想自己女儿，要是在外面受人欺负……"男孩的妈妈安慰他，可才说到一半，也许是意识到自己接下来的话会引人不快，就那么尴尬而唐突地停顿在了那里。

好在对方似乎浑然不觉，优哉游哉地接着说："他妈的，她不知道老子以前是干什么的，老子以前多少兄弟，弄死几个人不是常事……对了，我胳膊上还有文身呢。"说完他便想要脱下病号服向靠门的那一家人展示他"左青龙右白虎"的文身。

这年头，想要证明自己曾经年少轻狂过，还得脱衣服露老式文身，这个社会真是太严苛了。我有点想笑，可又不太好意思，毕竟对方正沉醉于往昔峥嵘岁月，只好死死地抿住嘴唇，后来实在是受不了了，就钻进被窝里放肆地笑了一通。

我爸在外面问我："你干吗呢？"

"我冷。"

"那你顶着被子干吗？脚都露出来了。"

"我头冷。"

�֍

那之后一连几天，都没再看见那位王姓护士走进病房来，"文身"却坐不住了，主动问道："你们这儿那个前几天和我吵架的护士呢？"

"哪一个？"护士装傻充愣，可惜演技拙劣。我相信这件事在十几个女人一台戏的小小科室里早已传得人尽皆知。

"姓王那个。"他有点不耐烦了。

"噢。"护士这才点点头，"你说王老师啊，她转到别的科室去了。她之前是从总院区调过来的，本来也不是我们科室的，只是在这儿适应几天。"

"就她还老师，那天她要是不跟老子道歉，老子弄死她个卖逼的……"

眼前的护士年纪轻轻的，估计刚入职不久，哪里见过如此暴劣的病人，她尴尬地笑了笑，就推着车出去了。房间里就此安静下来，我躺在床上玩手机，我爸在椅子上打瞌睡。靠近房门的男孩子做完放疗出院了，新的床铺铺就得整整齐齐，仿佛不曾有人住过的样子。

与此同时，我的放疗也开始了。每天下午两点钟，我爸便陪同我下楼刷卡排队，等到大厅里的机器叫到我的名字，我们就去模具室取自己的模具，等候做放疗。整个放疗过程简单极了，时间也因人而异，我只是头次做了有七八分钟的样子，而后便大多都是两三分钟的长度，人安安静静地睡在上面就行，和做 CT 检查差不多。

那一个多月里，我真正接受治疗的时间，就只是那每日的两三分钟而已。医生给我拟定的方案一共是二十次，每天一次，周六和周日休息，我们一家三口得以从之前化疗时神经高度紧张的状态中解脱出来，最明显的是我爸，他开始有心力为日后的生计谋算，暂时将我"治疗尚未结束"这件事抛在了脑后。

他想留在武汉做点小生意，起因是我姐夫的一位表兄弟，在武汉开了一家快餐店，就是卖称菜的，生意不错。步入正轨后，每天的毛利率大概有两千块钱，这让我爸非常动心，时常会在我们面前念叨这件事。大多数时候我都不会回应他一句，一切都为时尚早，眼前的难关还未渡过，我想等到真正毫无后顾之忧的时刻，再去讨论这件事也不迟。我妈就不同了，她时不时地会反驳两句，觉得武汉的生意不好做，还是回河北卖包子干老本行轻车熟路来得好。

我爸自然是不同意她的，没多久就会吼起来，上升到人身攻击，骂她猪脑子。我挺瞧不起我爸这类男人的，没什么本事又大男子主义。在河北做生意期间，一切的活计都是我妈一人包办，他就在边上跑堂，还总觉得自己功不可没。在外面受了气也只会回家横，永远向最亲近的人传递他的负面情绪。

我自体移植结束的那段时间，他回家修房子，家里有位叔叔的胖侄子是做建材生意的，自然得帮衬着，不然会引起不必要的猜忌与争端。据说那位叔叔之前的经营方针向来就是挣熟人的钱。我曾听奶奶讲说，她娘家的两户人家一同装修卫生间，用的材料一模一样，最后两家不知怎么凑到一块儿聊上了，一聊发现自己家比另一家多出了几百块钱，人家不干了，径直找到叔叔店里去了。叔叔直赔不是，然后当人的面，把恰巧从里间出来的阿姨骂了个底朝天，最后补上了差价。我听完这个故事，十分佩服他们夫妻二人天衣无缝的演技与处变不惊的临场发挥，可惜的是，他们似乎来不及将这项技能言传身教复制粘贴给自己的胖侄子，便唐突地把店移交给了他。

我们这一块做建材生意的，都是先办事后结钱，因为房子就在那里，也不怕人跑了。有一天，那侄子过来给我们家装窗户，车才刚停稳，玻璃窗都没来得及卸下，人就先开口了："伯伯，我这段时间资金周转失灵，要不您先把钱结了吧。"他媳妇站在一旁，偷偷地直拉他袖子，可他却始终无动于衷。

那时我还在武汉，这段话是后来小叔转述给我听的。我一面觉得好笑——一万块钱他竟然好意思用"资金周转"这个由头。另一方面又觉得心寒，他知道我们看病住院已经花去了不少钱，怕我们最后结不了他工钱，实属人之常情，可如此急不可待的模样，对比那些曾经主动开口说可以借我们钱的"远房叔叔"们，这段亲情当下让人就想老死不相往来。

最后我爸还是没有给他钱，可也没有当场发作，只是在他离开后，吃饭的时候突然发癫，把家里的碗给砸了。后来我回家，过年期间，他去给人结工钱，问多少钱。那胖侄子笑起来，恭敬地说："您就给一万四千块钱就行了。"

"怎么，你都不给我算算吗？"我爸疑惑。

那胖儿子低下头，不说话了。

"这马桶多少钱？"我爸又问。

"四百五。"胖侄子说。

"不是三百五吗？安装的时候说的。"我爸还是留了心的，安装之前他把材料价格全部问了一遍，怕记不住，用纸写了下来。胖侄子脸渐渐变得有点红，也不知是害羞还是天气缘故，头也埋得越来越低。最后我爸还是给了他一万四，回家之后大发雷霆。

我也怒了："你回家横什么横，当时在他面前横啊。不给他钱，把他店砸了。自己都一穷二白了，还舔着脸周济四方。钱是你自己给的，有火给老子自己窝着！"

他这才像只泄了气的皮球，发誓与他们断绝来往。过去的日子里，他所有的欣欣向荣都拿去给了外边那些无关紧要的人，留给家人的只有面目可憎。可尽管如此，和隔壁床的那位先生一比，他也姑且算是"模范爸爸"了。

"文身"自然是有妻女的，可自打我入院以来，他便是孤身一人，什么事都得亲力亲为，连个陪护的人都没有。时常会听到他和家人打电话，有时候是他妻子，多数时间是他女儿。对他女儿，时常电话方一接通，他便是一通呵斥，言谈间不难听出他女儿进了亲戚的公司，还住在亲戚家里。他总是嘱咐女儿要多做事，要有教养，不要给别人家添麻烦，道理都挺对的，可语言组织得十分凶残，跟骂街似的。每每挂上电话，他也得骂两句："他妈的，生了她有什么用，整天一个电话也不跟老子打，老子死了她也不晓得。"

时间一天天地过去，靠门的那张床迟迟没有人住进来，整个病房就我们几个人，渐渐地便也熟识起来，偶尔会聊些家长里短军事科技国际民生问题。我爸见我吃饭不多，觉得医院里的菜不和我胃口，想着去外边租个小厨房让我妈烧火做饭来着，"文身"知道之后，便忙着介绍了。厨房是"文身"的一个相熟的病友租的，后来那位病友的老公回家去了，便闲置了下来，"文身"跟她一说，她便爽快地答应了。出于礼貌，我妈每次做饭都会多做一些，给那位阿姨也捎带一份。

而作为中间人，"文身"也开始跟着我们一起吃饭。他爱喝鲜榨果汁，五花八门的蔬果也不管搭不搭，胡乱地放进去，最后出来什么喝什么，全凭运气。有时候执意要给我一杯，也被我客套而不失礼貌地拒绝。护士时常会提醒他，不要在病房用大功率电器，他一面应答着，一面将脸盆里的胡萝卜与苹果往榨汁机里放。

"这上面连着氧气，你要是真的弄出什么故障来，我们这一层的人都跑不了。"

"没事的，哪有那么夸张。"

整个科室的护士都对他早有耳闻，也不敢多说他什么，最后往往就不了了之了。他自己榨汁还不算，还成天怂恿我们把电饭锅拿到病房里来做饭："你们要是不敢的话，插在我这边，我看她哪个敢说，每天提来提去多麻烦啊。"

每次听他这么讲我都感觉匪夷所思，我十分不理解他这种丝毫不遵守公共秩序还一脸优越感的人是怎么想的，难道被人讨厌就那么有成就感吗？

"不用了。"我拒绝，"医院有医院的规矩，既然到医院来了，就遵守规矩。"

他笑起来，对我爸说："老陈啊，你这儿子不错，挺老实。"

我想老实可不是什么了不起的优点，听起来土气又毫无特色，可一时也不知该如何反驳，只好老老实实地套上"挺老实"的人设了。

❦

一段时间下来，我的放疗进展得很是顺利。因为病灶位于右侧股骨头的位置，之前医生还特别嘱咐我，让我走路时小心一点，那部分的骨头可能会很脆弱。好在一切风平浪静，每天下楼排队做个几分钟，余下的时间都闲适得很。可"文身"就没那么幸运了，他是舌癌，术后舌头被割去了一半，放疗的部位在脖颈处，同时还对症做化疗，不出几日咽喉便痛得吃不下饭，放疗部位的皮肤也被他抓破了。医生问他，你还能坚持吗？他连忙摆摆手，先歇一段时间吧。医生又说，这个不能歇息太久的，于是把他的放疗方案改成了一周三次。

在"文身"吃不下饭的这段日子里，隔壁床收了一位特殊的病人，一个两岁的小男孩。白天里倒还好，躺在他奶奶的怀抱里安安静静的，"文身"有兴致的时候就会去逗逗他，让他叫"爷爷"。可到了晚上，小孩子时常哭闹不止，大家迷迷糊糊地惊醒，便很难再睡着。

"乖啊，别哭了，怎么不乖了。""文身"被吵醒，不耐烦地安抚道。可小孩子哪里肯听他的话，还是倔强地哭个不停，她奶奶抱着他咿咿呀呀的，也丝毫不奏效，只好打开病房的门带着他到走廊散步去了。等到哭声渐渐远了，我才下定决心蒙上被子继续睡过去。我有点讶异他孱弱的小小身体竟然有着唤醒一间病房的力量，他可才两岁啊。等到他终于安静地睡过去，过不了多久，医院周边农户们养殖的鸡又开始争先恐后地叫起来。

我想两岁的小孩生病，还真是一件可惜的事。他得像大人们一样化疗，抽血，无休无止地做检查，甚至还穿了PICC，我有点担心好动如他，能懂那些烦琐而小心翼翼的注意事项吗？但仔细一想，又觉得好在他还小，以后长大后的每一天里，这里发生的一切都不会被装进他记忆的口袋，他会像其他的小朋友一样，上学，做游戏，为每天下午的家庭作业苦恼……不记得也挺好的，这不是什么值得被记住的美好回忆。

他其实是很乖的。白日里的他，与夜晚简直判若两人，他不哭不闹，在走廊外的大厅里，专注着玩他的小玩具——一辆翻斗车，用手推才会跑的那一种。蔡甸区的住院部内里的空间很是开阔，我们住的那一层，隔着一个大厅，对面估计是儿科，每天都能看到很多的小孩子跑来跑去，大多数看起来都要比他大。他有时候会跑过去和他们一起玩，要是感觉参与不进去，就再退回奶奶身边，安静地推他的翻斗车。

有一次我和我爸坐在椅子上说话，他的车静悄悄地跑到了我的脚边来，我抬头，就看到他急切地走了过来，连带着身体摇摇晃晃的，后面跟着他奶奶。我捡起来递给他，他接过去，就听见奶奶在身后提醒："说谢谢叔叔。"

"谢谢叔叔。"他乖巧地开口。

"不谢。"我笑着摸摸他的头，"下次记得叫哥哥。"

可还没等到那声"哥哥"呢，他便搬走了。"文身"向护士抱怨说，小孩子每天晚上吵得他睡不好觉。护士一查，刚好有一间病房也是大人与小孩同住的情况，当天便给换了过来。此后的每一晚都静谧而沉默，只剩远处的鸡叫声让人产生片刻的迟疑。

我一度以为替"文身"完成换病房这项差事的护士，会得到他的另眼相看，可事实却也不尽如此。"文身"由于做化疗的缘故，手臂上的血管已经有点萎缩了，再加上他嫌留置针影响日常活动，每次打针都要求护士给他打钢针。大家都熟稔他的脾气，也没有人敢轻易忤逆他，何况病人本身就有选择的自由，也就由他去了。长此以往，替他打针变得十分困难。

这天，这名护士扎了好几次血管都没能顺利扎进去，显然有点急了。"文身"也撇下"往日情分"不快起来："这么粗的血管都扎不进去，要不我替你扎？"

护士年纪轻轻的，被人这么一说，心里更慌乱了，连最后一次机会也没能把握住。

"把你们老师叫来。""文身"不干了，渐渐地又有点骂骂咧咧。

等老师一来，找了好几根血管，又摸又拍的，总算是成功把针给扎进去了。这下"文身"更有理了，逮着机会教育道："你看看别人，这么大的医院，你连个针都扎不好，好意思说自己在同济上班？"

年轻护士一句话也不说，只是头埋得更低了，倒是老师适时出来解围："我都上十几年班了，她才上了多久。另外不是我说，你那两只手臂上的血管都已经很难打了，你下次打留置针吧。"

"我才不打留置针喔，那玩意洗澡不方便。"老师也不和他多费唇舌，引着年轻人便出去了。

"对了，下次不要让我看到你，找别人来给我打针。"说完，"文身"便心安理得地躺下玩手机去了。

果不其然，很长一段时间里，那位护士都没有再帮他打过针。每次轮到她值班，把靠门口病人的输液给接上，便去外面请老师进来，自己只是站在一旁给老师打打下手，帮衬着递些东西。

后来，我放疗进程过多半，医院里开始陆续有病人写出院感谢信了。有一次我路过护士站，看见压在柜台玻璃下面的感谢信，旁边是备用的笔和纸。有护士笑着问我，要写一封吗？我摇摇头，便离开了。

没过多久，回到病房，看见"文身"取了笔和纸过来，要我帮他写感谢信，还要写两封。

"您的感谢信，您自己写啊，我怎么知道您想感谢什么。"我有点抗拒这种本着真诚为出发点的事都想着搞形式主义。

"你不大学生吗？念过书的。"

"那您上百度搜索一下就行，里面多得是。"

"那多不诚心。"

见他这人挺没眼力见儿的，无奈，我只好帮他写。

"那您要感谢他们什么呢？"

"你先给做清洁的阿姨写一封，要写她每天最早来医院，地拖得特别干净，对工作认真负责，对我们病人也很关心。然后就是医生护士，就好好感谢他们替我治病，很多话说不出来，只好写下来了，让他们自己看。"

很多话说不出来？你确定？我几乎脱口而出。

感谢信写完，他就拿到护士站去了，我妈笑着说："这人还真是伤脑筋，上次要杀人护士，这回还给人写上感谢信了。"我不置可否，只是对她笑了笑，心想医院可真是个神奇的地方，将形形色色的人聚集在这一栋雪白的房子里，让你在短时间内大开眼界，也算是一种不可多得的体验了。

放疗结束的前两天，吃完晚饭，我照例去楼下的超市买酸奶。付账的时候，在收银台旁的货架上发现了一种我小时候常吃的棒棒糖，就买了一支，想着下次遇到那个小孩，他要是乖乖叫我哥哥，我就给他吃。

回病房时，与我搭乘同一班电梯的，是一对母女，女孩儿裹得严严实实，穿着便服，可我还是从她身上觉察出一股熟悉的"病友"的气质。电梯开始上行，旁边的阿姨突然贴心地对我说："往里面站一点，你那边有风。"我对她笑笑，道了谢，然后往她们身边挪过去。

　　"满二十了吗？"阿姨笑着问我。

　　"二十二了。"我如实回答。

　　"跟我同年耶！"女孩开心地说。

　　"你们都还这么年轻，以后的人生都会好好的。"她的语气透着一股莫名的笃定，让人丝毫不忍怀疑。

　　我走出电梯，和她们挥手告别，等门关上，才重新起步向病房走去。我在医院遇到过不少来自陌生人的"小确幸"，我们不会再有机会相逢，甚至时间久了，连对方的脸都模糊起来也是寻常事，可那一刻，人与人之间突破隔膜的心情，却一直都清晰地记得。这是离开医院之后，很久都不曾再度拥有的感受。

　　我想我是足够幸运的，安然度过为期一年的治疗，开始有机会回归到以前的生活。可那一支棒棒糖，却始终都没能给出去。后来我在一辆拥挤的公交车上，把它剥开吃掉了，没有什么特殊的味道，只是再普通不过的糖果而已，弥漫在口腔里，是一股廉价的甜。

2017 年三月末，我如愿结束了所有的治疗，回到了湖北天门的老家。也许是因一路走来平铺直叙的关系，以至于真正出院当天，没有什么戏剧化的大喜大悲，我们收拾好行装，买了回家的火车票，看起来与以往任何一次告别毫无二致。

到家的时候正碰上春天里最灿烂的时节，一路上油菜花掠夺了目之所及处几乎所有的土地，开得热烈而奔放。门前的树开始抽出些许的嫩绿来，看上去羞怯又可爱。刚回家的几天里，大多数时候都是窝在房间里看书追剧，到吃饭的时候，才会下楼去，有时候疲乏了，扭头看见窗子外头高远的天空，会很想出去透口气，可也只是想想罢了，心里仿佛还是没能准备好真正接纳眼前的世界，纵使它鸟语花香。

直到有一日，我奶奶推开房门对我说："下楼来晒会儿太阳吧，这几天的太阳很舒服哟。"我这才跟着她下楼，拿了两把椅子在家门口坐下来。小时候，课本里说"一年之计在于春"，不是没有道理的。春天里的日光，不同于其他季节里的不近人情，格外地体恤人，照在身上暖洋洋的，没有丝毫的负担，间或有风吹拂过来，撩拨起一股泥土与青草的气息，闻起来沁人心脾。

我很少有机会如此近距离地感受春天。过去的年月里，春天都被学校的四面高墙拒之门外，黑板上日复一日的粉笔字和面前堆积如山的试卷让人心力交瘁，根本无心察觉季节的变化。只是每次教室里出现大规模感冒时，才会知晓，原来春天又来了，除此之外，对它再没有其他的期待。

"这个季节是最适合放风筝的了。"我对奶奶说，"可是以前都在学校，也放不了，现在倒是在家了，可年纪又大了。"

"你想放风筝吗？"奶奶问。

"想放也放不了。"

"我可以跟你一起放啊。"她说。

"你吗？"我有点惊讶，"你都跑不动吧，还是算了。"我笑起来。

近两年来的寒假里，我都会找几个天朗气清的日子，带着我的小外甥一起去放风筝。我们使劲地跑啊跑，跑到气喘吁吁，可风筝就是飞不上去，要不就是才刚爬到电线杆的高度，又一个"狗吃屎"狼狈地栽下来。就这样，每一年，我们都没能让风筝真正长久地在天空翱翔过。可第二年，我还是会照例带着他上街去挑新的风筝。

有一次风筝又半途落下来，我小外甥好奇地问我："小舅舅，你小时候是不是没有放过风筝？"

"当然没有，那时都是其他孩子放风筝，我就跟在他们后面跑，一边跑还一边叫'好高啊好高啊'，比当事人还开心。"我如实回答。

"'当事人'是什么？"他又问我。

"就是风筝的主人。"

"噢。"他点点头，"那你的风筝呢？"

"我没有钱买。"

他听到我这样说，很是震惊的样子，可也还是乖巧地没有多问，等我们玩够了，我就带着他回家去。其实我早已经无法从风筝中体会到乐趣了，甚至当年那个追着风筝的孩子也逐渐在记忆深处面目模糊，可我为什么要坚持带着他放风筝呢？也许是希望那些我没能获得的东西，那份只属于童年的美好，他能够代替我拥有。

我和奶奶面对面坐着，聊些家常之事，她总是问我医院里的情况，似乎极力想要参与那一段时光。时不时有人从我家门前的马路上走过，看到我俩，总是会停下来问候一句，"回来啦？""回来了就好。"

我笑着点点头，奶奶便笑盈盈地开口道："是啊，回来了，谢谢您一直挂念着我们家孩子。"奶奶是个十分周到的老人，确切地说，是一个浸在传统文化里尤其善于客套的老人，这可能与当下极力标榜"做自己"格格不入，可在遥远而僻静的村庄，却显得尤为重要，知分寸懂进退，才能维持邻里的和睦。

那一次，我们在屋外坐了很久，所有路过的熟人都由她帮我应付了过去。一回生二回熟，再次见面，别人便都习以为常起来，只当我是个普普通通的邻里，暂且将往事搁置在一边。我开始如常地骑着电瓶车去镇上赶集，挑最闹腾的早餐店过早，上讨价还价的菜市场买回五块钱的瘦猪肉和一棵小芹菜，路过琳琅的水果铺子，会带上几个新鲜的小家伙回家。

晚饭时分，奶奶做完地里的农活，会端着饭碗过来陪我坐一会儿。听说我独自骑车去镇上了，她又惊又喜，像是听到了什么了不起的事，"骑得好啊？人不打战吗？"我笑着摇摇头，她就高兴起来，脸颊上的皱纹宛如树皮上干枯的纹路，跟着她表情的起落一动一动的，鲜活而富有生命力。

"这还是和以前一样了吗？就是在医院吃了点苦，不过也没事，在家好好休息，家里空气也好，菜也干净，很快身体就能恢复过来。"她端着一个"不锈钢"碗，有点像我初中时在学校用过的那个。我想"不锈钢"还真是不锈钢，都这么多年了，它都还撑着一口气，像它这般信守承诺的，不多了。

我又想起一件有关奶奶的事来。大一的寒假，我和小马约好了去吃饭，好久不见，吃得太开心了，一时竟忘记了时间，走出餐厅才发现天色开始暗淡下来，连最后一趟回家的班车也没赶上。我站在车站外面给奶奶打电话，报出了地名，向过去的二十年里一样，等着她来接我。气温开始冷却下来，我将手揣进口袋，又扣上帽子，仔细辨认着来往的三轮车。

我奶奶的座驾是一辆红色的铁皮三轮车，电动的，每次路过坑坑洼洼的地面，都像是要把人颠得四分五裂，奶奶一边咒骂，"哎呀，要死了要死了！"可下次出门还是得仰仗它。

我在路边等了好久，直到日光全部收敛，天色渐晚，才好不容易发现奶奶的身影。可她似乎并没有看见我，只是径直地向前走，我连忙喊她，她这才闻声停下，调转车头，来到了我的身边。我们慢吞吞地往回跑，离市中心越远，道路越是清净，冬夜里寒冷的风穿透我们，像极了风餐露宿的赶路人。

"等了很久吧？"奶奶问我。

"也没有。"我背对着她坐着，与过去的每一次无异。

"你打电话的时候，我们一群老头老太婆正坐在门口拉家常，有我，你爹爹，还有幺婆，东娥婆……他们都说太晚了，晚什么晚啊，我又不是没灯。就去家里拿电火耽误了一点时间，不然我能更快。"她事无巨细地解释给我听。

我这才注意到，她三轮车前面的灯不知何时坏掉了，为了来接我，她在前面的篮子里放了一只手电筒，她就这么带着这只手电筒，背对着夕阳的余晖靠近我。我接着往下问，一问才发现她根本不知道我报的地名是哪里，可她还是无法拒绝我。"反正我就来碰碰，碰不到我再回去，万一碰到了呢，你看这不碰到了吗？不碰你怎么知道。而且答应你了，我就肯定要来啊。"我坐在车里，极目远眺，道路两旁的田野尽头，开始浮现出万家灯火，一颗一颗的，像极了夏夜河边蛰伏于草丛里的萤火虫，看得我鼻头发酸。

我们继续往前走，路过镇上的小学，黑黢黢的一片，只有门口挂着一盏灯。小学五年级时我开始住校，半个月放一次假，每周五上完晚自习，奶奶忙完地里的活都会过来接我回家，从学校到家的那一段距离，是我最幸福的时光，无论刮风下雨，她一次都没有失约过。

✼

我们家先前购置的那张电动麻将桌，在我去医院放疗的那段时间里，重新被我奶奶利用起来。村子里是有老人以此谋生的，买几台二手的，摆在自家的堂屋里，每次都能吸引满满当当的一屋子人，抽烟的抽烟，吹牛的吹牛，惊的惊，叫的叫，彼此骂骂咧咧又一团和气，度过一个闹腾而闲适的下午。

我奶奶也会在不下地的日子里打牌，邀一大帮老婆婆们，有的年纪比她还大，脸颊皱得像一颗核桃，牙齿也全部都重新镶嵌过；有的不过才五十出头，胖墩墩的，用我奶奶的话说就是，"倒着也放得稳。"起初她们来打牌是不要钱的，就图一乐，可没几天便有人觉得不太好，提议说要给点电费，盛情难却之下，人家收二十，我们就收十块钱好了。长此以往，每天下午，都会有一帮老太太聚集在我家堂屋里，一旦凑够四人便火速开打，一刻也耽误不得。

有天吃完午饭，奶奶照例去叫牌搭子，她看我每天待在楼上好像挺无聊的，便让我下来和她们一块儿打牌，我嘴上拒绝了几声，身体却诚实地拿了钱下楼。几天下来，我便与这帮奶奶们混得很熟了，她们手气不好怒不可遏地把桌子敲得咚咚响，嘴里还念念有词"我日你姐姐"的时候，我也能快乐地掺和几句。我开始不在意别人是否依旧拿我当病人对待，像是终于结束了开学后漫长的自我磨合期，逐渐自如起来。

奶奶时常会擅自提起我住院的那一段时光，想要知道她不在我身边的那一年里，我生活里所有的细枝末节。我一件一件地说给她听，我的饮食作息、身体状况、治疗方案以及心理活动，她听完只是凝重地叹一口气，脸上是掩饰不住的难过，对我说："很辛苦吧。"

我摇摇头，对她笑笑："没什么，还不就是吃吃睡睡，身体也还好。"我说的是实话，病痛是可以被治愈的，那一段时间里，我总忧心我的遭遇会令她在周遭的非议里抬不起头。

"去年，你爸爸给我打电话说你生病的时候，我其实一点也不怕，我觉得我们家孩子还那么年轻，能有什么事。可后来又说是癌症，这人呐，一下子就慌了。每次去田里做活都没力气，只想守着电话，听你爸爸给我讲讲你的事。后来说进展得很顺利，人都舒服些了。村子里的婆婆们后来跟我说，每天看我苦着脸，想问问你的事也不敢问，再往后，我说你好不得了，再化疗两次就能回家了，她们也都放心了，大家都很关心你。"

我默默地听着她说完，心里偷偷地如释重负，好在一切都过去了。

春天也是，它似乎是一年中最短的季节，等你开始注意到天气回暖落英缤纷，不消几日，初夏便来了。在这样的好时节里，家里不大不小地，又吵了好几次架。起因依旧是我爸想去武汉卖快餐，他老早便走访了武汉市里不少有意向转租的门店，然后给我算了一笔账，说房租不用付一整年的，三个月就够了，加上几万块的转让费，十万块钱就能开张大吉。

"我看了的，都是请厨师，又不是你自己做，也不用担心不好吃，你只负责买菜就好了。"他说得信誓旦旦，好像只要顺利开张，便能一本万利。

"那谁负责客流量呢？"我问。

"还担心这个？卖快餐是绝对不会亏的，一开张就赚钱。"

"那既然都不会亏，别人为什么要转让？"

"别人有事呗，有的要回家，有的不想干这行了……而且上次一家店铺的老板说了，只要我接手，他可以把他的面包车给我们进货，车都不用买了。"

他越说越离谱，人也越来越兴奋。我妈辩解了几句，说十万块钱不是个小数目，砸进去了我们就连后续治疗的钱都没了，还是去河北干老本行实在，至少不会亏损。他人正在兴头上，听到这话一下子就不乐意了，开始大骂她是猪脑子，没有远见，好好的讨论因此又不欢而散。

　　这是我爸最大的短处，之一。每次都打着一家人商量的旗号，可一旦意见不合，立马上升到人身攻击。他想去武汉开店的计划遭到我们反对之后，开始变着法地在家里找茬儿，心里似乎憋着一口气，任何无关紧要的小事都能将他点燃。

　　回家之后，我们一家三口都空闲下来。我爸每日外出打麻将，我妈就在家里做饭拖地，因为一楼铺了瓷砖的关系，她每天都有拖不完的地，下雨天更甚，可她毫无怨言，还说想把屋檐下的那一块方寸之地也铺上瓷砖，那样才显得干净又好看。

　　那段时间小叔店里的生意依旧不理想，而他们也不缺钱，便和小婶关了店一道回家来休息。小婶爱跳广场舞，每天晚上都在家门口邀一帮中年妇女一起摇摆，我妈很快就加入了她们。看到她有了自己的爱好和乐趣，而不是每天都围着孩子灶台打转，我挺开心的。她学得慢，基础也没其他人好，我便特意给她下载在了 iPad 上，让她多多练习。

　　直到一天晚上，我刚洗完澡，听到楼下闹哄哄的，心里预感到大事不妙，急忙跑下楼，发现我爸妈正扭打在一起，我爸钳制住我妈的手，我妈作势抵抗着。

"你们干吗！"我推开门大吼。

我爸见我过来明显有点忌惮了，他放开我妈，心虚地坐在床边。我妈顺势跑过来要我评理，这是我第一次亲眼看见他们有过激的肢体接触。我心下一头乱，却还是佯装镇定听她说完，整个冲突的导火线听起来滑稽又可笑，我爸偷偷看我妈的手机。那是一部老式键盘机，是我爸淘汰下来在我住院期间为方便联系才给我妈的，里面存的联系人都是他认识的。今天下午，他查看通讯记录里，发现有一通没署名的未接来电，便断定我妈背着他在外面偷了男人。我妈让他拨过去，他自然做了，发现没人接，一下子死无对证，便一口咬定，两人早就串通好了。

我看着那串来自外地的陌生号码，有点不能相信一通再寻常不过的骚扰电话，竟能让他产生这般漫长而不安的猜忌，我嘱咐我妈让她换个房间睡，便上楼休息去了。我对自己挺失望的，已经二十多岁的年纪，却依旧会对父母之间的风吹草动心有戚戚，我没能如愿成为一个铁石心肠的人，便始终得受到牵连，很难真正地快乐起来。

我其实早知晓父母的关系如履薄冰，可过去一年的相处，竟让我自欺欺人地误以为我们能像其他再普通不过的家庭一般，彼此扶持，和和气气的。

除此之外，我再没有别的多余的奢望。

那之后，我觉得这一切的一切都源自我爸想去武汉做生意不得而产生的愤懑。隔天一早，我便拨通了我姐的电话，仔细向她询问了姐夫表兄弟那家快餐店的盈利情况。得知他们是在2016年九月开张，直到过完年，生意才有所好转。前几个月里，每一顿的饭菜都没卖完过，而之间他们其实做过不少努力，每天开着车去不同的写字楼里做宣传，也上街发过传单。我爸去他家观摩的时候，正好是他们生意走上正轨，最盈利的时候，他只见了人吃肉却没见人喝粥，那就很容易栽跟头。

　　吃完早餐，我给他讲了姐夫表兄弟的事，顺便算了一笔账。以新店每日八百的流水算，如果纯收入是五百的话，那么一个月就是一万五，三个月就是四万五，厨师一个月五千，三个月下来还剩下三万，然而砸进去的十万块钱还没回本，你又要交房租了。他们是四个月之后起来了，你四个月之后起不起得来，还是个未知数……我只是想打消他心头关于"开业便能盈利"的好高骛远，我想着，只要能让他认清这一现实，之后的日子会好过很多。

　　他听完我的话，便沉默下来，似乎对于我算的这笔账没有异议，不能接受的是结果。可他无从反驳，最后只能烦躁地说："不让我去武汉开快餐店，可以啊，那我就哪儿也不去在家待着。"

　　"那你就老老实实待着，不要在家里发神经。"

那几日里，他一下子成为众矢之的，全家都不同意他的主张，连平日里对他爱护有加的奶奶也头一次站在了他的对立面。奶奶有多爱他呢，我听过一件天方夜谭的往事。

他十七八岁那会儿，看上了一块手表，那个年代的农村，手表可精贵着呢！精贵到什么程度呢，一家人收割了地里所有的麦子换了钱，依旧不够，又找家里一个交好的伯伯借了好几十块钱，才得以满足他青春期里膨胀的虚荣心。

我第一次听说这个故事的时候，惊讶到合不拢嘴，这还是那个时时主张"钱要用在刀刃上"的奶奶吗？我小时候看中一款孙悟空的面具，哭一整条街，奶奶也不愿花两个馒头的价格为我买一顶，理由是"又不能吃！"可等我想吃点小孩子的零嘴儿，又有新的阻碍横亘在眼前，"家里又不是没有饭，饿不死你！"后来我求证了多方当事人，才确定买手表确有其事。可现在，连奶奶也不愿再盲目地支持他了。

一切依旧悬而未决，我们谁也说服不了谁，日子过得剑拔弩张。有一天，我妈对我说她的面霜用完了，想去超市买一个新的。我站在货架旁，看着她在十几块钱的价签前流连，有点不忍，我说我们回去吧，我去网上给你买更方便。她笑着说好，一直嘱咐我别买太贵的，我想起之前看到小婶用过的护肤品，就上网淘了一款"自然堂"，没过几天快递到了，我小心翼翼地尽量避免被我爸看到，可还是碰了个正着。

"这都什么季节了，还买擦脸的。"他语气有点不快，"一天到晚正事不做，尽忙着跳舞打扮，这又是要给谁看啊。"

"正事不做？"我有点听不下去了，"她是没做饭没洗衣服还是没拖地？你去村子里找，还有哪个女人比她更勤快。说起做正事，你做什么了？你做了一次饭还是拖了一次地？每天出去打牌屁事也不做有什么资格说她！"

"是噢，勤快噢，你就惯着她吧，你说这个季节还有哪个女人在买东西擦，擦给谁看，这不是又要去外面勾引男的还有鬼啊。"

很快，爷爷奶奶小叔小婶闻声都过来了，我听见他一字一句地跟奶奶说："您知道她耳朵是怎么聋的吗？是被我打聋的啊，打了一次又一次，还是要出去外面找男人，现在还天天出去跳舞了。"

"她凭什么不能跳舞，你看周围和她一个年纪的，哪个不在跳舞？"

"别人是别人，她是她，她是什么，她是破鞋，是婊子！"

下一秒，我不由分说地，一巴掌结结实实地抽在了他脸上。我时常想我妈何以会变成今日这副模样，与中年人所处的时代脱轨，变得只知道低头劳作，什么也不懂。今时今日，一切不言自明。

"你有什么资格说她，你自己在外面找过多少小三，和多少婊子上过床自己心里没个数？我们不说你就算了，你还骑到头上来把脏水往她身上泼！"我妈在后面拼命地拉着我，说："你不要管他，他这人就是这样子，让他说好了，以前在广州打工的时候，和男同事说句话，那就是关系不纯洁。"

我被奶奶拉上楼之前，都能清楚地听到他的咆哮："他敢打老子？老子总有一天要杀了他们两个！他妈卖逼的！"

爷爷问："你有什么证据证明她在外面有人？"

"这还要证据？难道还一定要捉奸在床不成？"

"畜生，自己不上道以为别人都跟你一样！"

然后我便关上了门，直到窗子外的夜色逐渐渗透开来，吸纳了每一寸日光。临睡前，我妈来到我的房间，让我不要放在心上，病情刚刚控制下来，要开开心心的。

我认真地看着她，问道："妈，你想和他离婚吗？"

她好一会儿不说话，似乎想了很久，直到眼睛里流光溢彩，才回答我："我才不管他呢，我这辈子就这样了，我只要跟你在一起，你在哪里我就在哪里。"我想她终究还是迈不开那一步，无法选择自己真正需要的人生。

那一晚，我辗转反侧，好不容易入眠，却做了一个奇怪的梦。我梦到了我妈，她穿着鲜红的嫁衣，安静地端坐在梳妆台前。她很美，脸上是少女特有的羞怯，等待着她的丈夫来接她。

"妈！"我拼命地叫她，"你千万不要嫁给他，他不会对你好的，他连一盒'自然堂'都舍不得给你买。"

然后她站了起来，依旧是笑盈盈的："你都这么高了。"她浑然不知。

"你不要嫁给他。"我快哭出来了。

"没关系的。"她的头正对着我的肩膀，然后伸出手抚摸我的脸，说："你不知道你出生的那一天，我有多幸福。"

醒来的时候，窗外的天空开始透出灰蒙蒙的白，我不喜欢房间里黑乎乎的，所以睡觉很少拉上窗帘。脸颊旁的枕头濡湿了一大片，睡起来很不舒服，我翻了个身，拿出手机买了两张前往河北的火车票，突然很想念姐姐。

<blockquote>
尾声

喝惯了白开水，
才发现它其实比饮料甜
</blockquote>

上学那会儿，我幻想过很多种毕业后一个人生活的模样。有时还特意把自己的未来生活规划得捉襟见肘：居住在某个租来的逼仄的小房间里，围着淘宝上买来的小锅子煮泡面……那时对这样的设想，一面隐隐担忧，一面又觉得理所当然，仿佛那是初出校园的社会新人必然会经历的一段时光，在那以后，才有底气谈论成长，好好生活。

可事实上，一个人生活之后，发现也不是那么回事儿。2017年的三月底，如愿结束了所有的治疗后，我们一家三口终于从医院脱离，过上了寻常日子。这是之前没有过的经历，我很少有机会和父母朝夕相处，但谈不上多开心，我时常觉得自己像是为了执行某种任务一样被迫安插在他们之间，总是小心翼翼。

在医院里的某个下午，我爸对我说："等你的病好了，我们一家三口好好过。"那时他的眼神里满是对新生活的憧憬和珍惜，差点就让我相信了。但与他先前许诺过的"好好过"不同，我们回家没多久，前文写到的新一轮的家庭战争便爆发了，我对周遭的一切都充满失望，这不是我期待里的新生活，它至少应该安静一点的。

六月中旬，我和我妈从河北回来之后，我爸便外出找合适的店面去了——算是心平气和地商量了一通之后，他们还是决定去北方开包子铺。我爸一离开，家里便陡然平静下来，不需要时刻对可能不期而至的争吵提心吊胆，我变得很快乐，开始在一些微不足道的小事上耗费注意力，每天仿佛伸手便能抓住屋子里流逝的时间，这让我觉得自己正在活着。生病之前，我常常自问，难道生命就是这样日复一日、枯燥乏味、一成不变吗？躺在病床上的时候，我开始怀念那种单调和空虚，并且打定主意，日后要是有机会重返社会，一定要牢记那一刻对于平淡日常的渴求。

和我妈两人平平静静地生活了半个月，我爸便打来电话，说店铺已经找好了，让我们一起过去。我明确地拒绝了，让我妈一个人过去。

"你在家一个人我不放心啊。"我妈说。

"没事的，我都这么大了，而且我不想和你们在一起。"我是这么回答她的。

她沉默了一会儿，又开口："嗯，也好，跟我们在一起你也不会开心的，你现在最重要的就是开开心心，把身体养好，其他的什么都不要想。"

我点点头，好歹有一个人还记得我们其实是历经千辛万苦才走到这一步的。

离开之前，我妈开始一刻不停地包饺子。我说你别包了，我也吃不了那么多。她说没事，多包一点可以放冰箱，什么时候你想吃了拿出来煮一煮就好。

那时候离夏已经有一段时间了，端午也过了，有天下午，她突然从河边采摘来不少粽叶，开始给我包粽子。

"你不是喜欢吃粽子吗？"像是做了一件了不起的事，她笑得很满足。

我打开手机上的APP照着里面的菜谱配馅料，听她有一句没一句地讲话："粽子也好，多包一些放冰箱里，什么时候你肚子饿了，就拿出来吃，比外边的健康。"

配好馅料，我便坐在一张小板凳上看她包粽子。没过多久，她突然哭了起来，没有声音，就是系粽子的间隙，会抬手抹一下眼睛。

"你怎么了？"我问她。

"我没事，就是觉得你还这么小，就得面对这些事。"她手忙脚乱地擦掉眼泪，有一颗粽子散开来。然后她抬头对着我笑了一下，眼眶红红的，每次她手足无措时，都会这样笑。

我不知道"这些事"具体指的是哪些事，便安慰她："没事的，我也不小了，总有一天要一个人生活，现在刚好没什么事，可以把基本的生活技能都学会。"

她不再说话，低头系着线，点了点头。

那天更晚一些的时候，我接到了我爸的电话，他自然是在游说我和我妈一起过去。

"我不想去。"我说。

"为什么啊？"

我最反感他的一点便是他明知故问，总是令我被迫去直面一个不愿多提的事实。

"因为不想跟你在一起。"我不耐烦极了。

他叹了一口气，他叹气的时候我更恼火，仿佛今天的局面都是我一手造成的。

"你跟我们在一起还好一点，我和你妈吵架，你还可以在中间调解一下。"

"呵呵，"我笑了出来，"你让我过点好日子吧。"

那天之后，我开始一个人生活。每天早上七点钟起床，做早餐、洗衣服、拖地，然后打开Word文档，再去拖一遍地。直到拖无可拖，才不情愿地回到电脑前，开始冥思苦想地写《二十一岁以及我的余生》了。

奶奶可能是担心我晚上睡觉怕鬼，或是怕强盗光临之类，搬到了我家与我同住，这是除我以外的一家人共同做出的决定，我也就随他们去了。说是同住，但其实她也只是晚上过来睡觉而己，她睡在一楼后面的房间里，我住在二楼。白天里，她都在自己家做饭。她曾经表示想让我和她一起生活，被我拒绝了。

我们家有一张电动麻将桌，也因此，家里一到下午便热闹非凡。小婶也爱极了打牌，她打得稍微大一些，没打上几天便拿收集起来的牌桌子钱给我们家买了一台电风扇。"反正去别处打也是付钱给别人，那当然是付给自家人更划得来。"

与我奶奶每日费尽心思喊人上门打牌不同，小婶的号召力极强。年轻人也不像老年人那般推三阻四扭扭捏捏，往往小婶电话一打，别人就都过来了。我和小婶的关系依旧是客客气气的，她做了好吃的会端过来给我，我也隔三差五地捎给她一些我从外面买来的东西。离开同一个屋檐之后，距离反而让人与人之间像松了一口气似的热络起来。

气温升到最高点的时候，小婶养了一条狗。我是一个比较怕狗的人，但也不能轻易表现出对于这条狗的厌恶。此后经常出现我被这条狗追得满屋子跑的状况。它跟着奶奶来过我家几次之后，遇到我在后门口跷着二郎腿看书，便轻车熟路地把脖子贴在我的脚背上，一开始我吓死了，合上书就跑，后来慢慢地竟然也习惯了，就随它去了。

日子一天天地过去，后门口靠近河边的那片小菜地上种了各式各样的蔬菜，有青椒、西红柿、玉米、茄子和空心菜，长得都很不错，一推开门，整个人一下子松弛下来。

当然也有紧张的时刻。看见手机上父母的电话打过来，我往往要先深吸一口气，再硬着头皮接通。

我妈知道我不爱接电话，怕我烦，电话打得很少，她很担心我一个人能不能照顾得好自己，我便把学会的新菜式告诉她，她在电话那头笑起来，应该是放心了的意思。我爸就不同了，他是得空就会打电话的人，打电话是他生活里的一项乐趣，基本每天都会有一通，这让我压力很大："能不能不要打电话，哪有那么多话讲。以后打电话之前先想想别人愿不愿意接你的电话，不要想着'我想和他讲话'就直接打了电话，不要那么自私。"

．．．．．．．．．．．

一成不变的生活。

放不下的依旧放不下，想要摆脱的也还是在后面追赶。谈不上什么成长和独立，只是承认了平淡是生活的常态，开始愿意和那个最无趣的自己相处。喝惯了白开水，才发现它其实比饮料甜。